Brasilien fararna som kallades den röda dödskaravanen.

Till min fars och farmors minne.

Boken handlar om en älskad farmors äventyrliga liv tillsammans med sin familj i främmande land. Det förde henne från Kiruna till Brasilien strejk året 1909.Efter något år i Brasilien gick färden till Argentina. Hon klarade av det hårda livet, med i bagaget hade hon en læstadiansk tro och hon var mycket social. Hon såg indianerna som medmänniskor och fick lätt kontakt med övrig befolkning. Hon var uppfinningsrik mångkunnig, glad och öppenhjärtig. Hennes man var också mångkunnig och arbetsam, det fodrades för att kunna överleva i denna del av världen. Sex barn följde med på resan varav ett var två veckor gammal vid avresan.

Till hjälp för att kunna skriva denna berättelse har jag min älskade fars berättelser ,hans memoarer, farmors muntliga berättelser som fascinerade mig som barn, frågvis tonåring och vuxen. Min farmor fick ett långt liv hon blev 98 år klar och redlig in i det sista, min farfar dog innan jag föddes. Min far Ragnar var också klar och redig hela livet han blev 84 år .

Författarinnan Gerda Persson besökte min far många gånger för att intervjua honom om hans upplevelser i Brasilien och Argentina. Jag var tolv år och lyssnade intensivt på allt som sades:"Om du åker till Stockholm gå på arkiven och läs ,där hittar du mycket om din farfar och farmors utvandring till Brasilien och hemresan från Argentina till Sverige",sa hon till mig

Först som pensionär fick jag reda på att i riks arkivet i Stockholm fanns det jag sökt så länge. Där till bringade jag många dagar. Nyfiken över vad som gjorde att man massutvandrade från Kiruna fick mig att börja leta i arkivet Norrbottens minne. Där läste jag dagstidningarna Flamman och Norrbottens Kuriren från år 1907 till 1914 samt berättelse som norrbottningar skrivit. Jag hörde på ljudupptagningar, läste förenings och fackförenings protokoll från Kiruna. Jag Googlade på Brasilien svenskarna ,såg många klipp på Youtube. Alla dessa Kirunabors öden i Brasilien och Argentina bör inte falla i glömska,i boken får man glimtar av dem och deras i många fall tragiska öden. - Ingrid Norberg

2016   Ingrid Norberg
Förlag och tryck: BoD

ISBN: 978-91-7699-033-9

KIRUNA

Himmelen var blåsvart, förutom de flammande turkosgröna slöjorna som dansade fram över de lysande stjärnorna. Hon, Ida-Maria låg nedbäddad i forans hö och lät sig trollbindas av det sprakande norrskenets skönhet. Barnen låg nedkrupna under fällen tätt intill henne. Kylan bet henne i ansiktet, snön knarrade under slädens tyngd och dess medlar sjöng entonigt. Hon var på väg från kust byn Nyborg till fjällens Kiruna. Hennes man CarlJohan hade sänt efter dem. Nu började åter ett nytt kapitel i hennes liv.

Lågkonjunkturen hade svept in över hela Europa och kastat sin skugga över land och hav, vilket inte bådade gott för arbetarna i Sverige, värst drabbade var de som arbetade på sågverken. Carl-Johan hade arbete som maskinist på ett sågverk i Nyborg. Arbetarnas löner sänktes drastiskt. Han hade följt med en skara arbetare till sågverksdisponenten för att begära högre lön. Men svältlönen skulle inte höjas det minsta! Några i den tysta och sammanbitna skaran tog mössan i handen och resignerade. Vilka andra val hade de? Carl-Johan gick med högburet huvud, inte skulle han krusa disponenten. Att bli svartlistad och utan arbete skulle ändå bli följden, efter att ha dristat sig att begära en lön som man kunde leva på. Carl-Johan begav sig därför till Kiruna som ropade efter arbetskraft. Där fick han arbete som maskinist och eldare på ett sågverk i Laxforsen. Han fick en lägenhet i
en av arbetarbostäderna.

Ida-Maria och barnen hade färdats hela dagen och snart skulle de vara framme vid ett värdshus. Hon lät tankarna fara fritt hit och dit,medan hästen travade på. De hade bitit sig fast vid barnen som hon mist, än kunde hon känna maktlösheten som en dolkstöt i bröstet. Elin hennes förstfödda blev bara fyra år, difteri tog hennes liv. Den lilla hade kämpat för att få luft, hon hade varit alldeles febersvettig , blek och matt. Hennes stora vackra ögon hade sett bedjande ut som ett rop på hjälp, endast ett svagt väsande ljud kom ur hennes mun. Slutligen blev hennes läppar blå och livslågan blåstes ut. Ansiktet hade slappnat av som om hon sov fridfullt allt blev tyst.

7

Hennes ljuslockiga hår stod som en gloria kring huvudet. Elin var ett alldeles för vackert barn för denna värld tyckte grannfrun, som hjälpte Ida-Maria att svepa barnet. Sorgen frätte ett stort tomt hål i Ida-Marias själ, då kom nästa dråpslag, Anna blev sjuk. Hon hostade om nätterna det hade bara gått några veckor sedan Elin dött. Gode Gud nej, tag inte Anna ifrån oss hon är bara tre år, den tysta bönen till Gud hade ekat i bröstet på Ida-Maria, hon blev inte bönhörd, difteri tog även Annas liv.

Då hade hon bara Jenny fem år gammal, tack vare henne orkade hon leva vidare, hon blev välsignad med två barn till Elin och Emil. När de var två samt fyra år, gick scharlakansfeber på bygden och båda barnen dog i mars månad det året. Sorg hade Ida-Maria känt redan som barn, då var hon otröstlig. Hennes far dog hemma i blindtarmsinflammation, hon brukade smyga ut på dasset där hon satt och grät för att ingen skulle se henne. En dag tyckte hon att hennes far stod bredvid henne och sade: "Var inte ledsen Ida-Maria jag skall alltid vaka över dig så du kan känna dig trygg". Först då slutade hon att sörja fadern. Ja, nog behövde Ida-Maria någon som vakade över henne,för hon visste inte vad som väntade henne.

Nu låg hon här i släden med sina barn Jenny, Emil, Ragnar, Hugo och med ännu ett barn på väg. Foran stannade vid ett värdshus där skulle de övernatta,barnen följde henne sömndruckna och frusna in i den röda byggnaden. Rummet de blev hänvisade till var kallt och utkylt, de lade sig alla i den stora dubbelsängen med kläderna på och somnade.

Tidigt nästa morgon fortsatte färden mot Kiruna. Hon hade flera timmar på sig att fundera över hur livet skulle gestalta sig . Var det månne sant som så många sa, att den där disponenten Lundbom verkligen brydde sig om arbetarnas väl och ve?

Ida-Maria såg det brunröda bolagshuset skymta fram i eftermiddagsljuset. Foran hade stannat och kusken hjälpte henne upp ur släden, barnen hoppade glatt ur den. Jenny klappade hästen medan de andra gick in i huset. Väl inkomna i det nya hemmet kunde Ida-Maria konstatera att det luktade rent av såpa, järnspisen var svart sotad och ren, muren var vitkalkad.

8

Lägenheten bestod av ett stort rum med en liten alkov, ett skafferi och en skrubb. Carl-Johan hade möblerat med de få möbler som de hade haft i Ytterbyn. Hon blev varse om att elektricitet var indraget. Titta det hänger något i taket , vad är det för något? undrade Ragnar och pekade på lampan. Ja du, det är en lampa vänta så ska jag vrida på knappen som sitter på metallhöljet, sagt och gjort rummet flödade i ljus till barnens förtjusning. Tänk att slippa karbidlampor och fotogenlampor vilken lyx svarade Ida-Maria

En av grannfruarna knackade på dörren och presenterade sig som Amelia. Hon berättade att ett ungt duktigt par hade bott i lägenheten, frun var känd för att hålla rent och snyggt,trots att de var mycket fattiga. Mannen hade varit med i nykterhetslogen, Fjäll vakten och var en redig karl. Han sa ofta, att en arbetar måste sträva efter kunskap för att ta sig ur fattigdomen. Han gick på olika föredrag och tillsammans lånade de böcker på biblioteket. Där kan du låna böcker Ida-Maria och läsa tidningar gratis sade Amelia. Hon fortsatte berätta att mannen hade råkar ut för en arbetsolycka och dog bara 27 år gammal. Frun och barnet blev hämtade av hennes mor, hon var bestämt från Småland. Det är inte alltid som en lägenhet lämnas så här ren och välstädad, påpekade hon Många lämnar lägenheter full av vägglöss och annan ohyra, för att inte tala om dem som dött i tuberkulos, fortsatte Amelia.

Ida-Maria lade in ved i spisen, tände på och rörde om med spiskroken, snart spreds sig en välbehövlig värme från den svarta järnspisen. Amelia berättade om tvättstugan, utedasset, var man tömde slaskhinken, om tunnorna som forslades bort av kommunen. Det är tal om att man ska dra in vatten och avlopp i huset. Tänkt dig vilken lycka att slippa bära vatten och slaskhinkarna sade hon. Amelia bjöd in Ida-Maria och barnen på kaffe i sin lägenhet. Det doftade gott av nygräddad sockerkaka. Lägenheten såg likadan ut som deras egen. Den var spartanskt möblerad, men den blårutiga duken på matbordet gav rummet färg och allt var varmt ,det var hemtrevligt. Ida-Maria kände, här hade hon fått en vän och plötsligt försvann all ängslan och oro. Hon tittade ut genom fönstret himmelen var glödande rosa, den övergick i blå skymning och det blev snabbt allt mörkare. Ida-Maria tackade för sig och barnen. Det kan nog bli bra här tänkte hon och snart skulle Carl-Johan vara i antågande från sågen, hon kände en stilla längtan efter honom, då sparkade det ofödda barnet kraftigt i henne,som om det lilla livet i henne ville hålla med.

Han kom hem trött och frusen men glädjen var stor. Han berättade om sågen och hur han fått bostaden, hyran var fri så länge han arbetade på sågen och det ingick fri ved . Lönen var 22,80 kr i veckan så om de var sparsamma skulle detta nog gå. Ida-Maria lagade havregrynsvälling och de satte sig kring bostadens enda bord. Vällingen värmde gott och Carl-Johan lade in mer ved i spisen, han berättade att han ännu inte gått med i fackföreningen för kontingenten kostade 85 öre. Men när de hade kommit igång och fått några veckolöner kanske han skulle gå med.

Den ena dagen lades till den andra och livet fortsatte sin gilla gång. Om mornarna var det utkylt i den lilla lägenheten innan de fått fyr i spisen. Carl-Johan hade späntat stickor med en vass kniv,de såg ut dom små julgranar,med dem gick det fort att göra upp eld. Det blommade is glansiga frostrosor över hela fönstret och ute hade den bistra kylan bitit sig fast. Det knarrade i snön för varje steg när Carl-Johan begav sig ut i morgonmörkret till arbetet. Barnen hade svårt att stiga upp från sängvärmen, de låg kvar och tittade på det isiga fönstret och fantiserade. Jenny var först uppe hon andades på fönstret och det bildades små klara fläckar i fönstrets frost rosor.

Ida-Maria hade stickat flera par vantar. De var röda med mönster bårder i gult och några i blått. Bårderna såg ut som stjärnor och en del som uddar i den röda bottenfärgen. Jukkasjärvi samerna hade köp dem, hon fick en bra slant och torkat renkött för dem. De färgglada vantarna hade de på sig vid fest och kyrkhelger. Carl-Johan berättade samerna hade skjutit två vargar, nu fanns det fem stycken som strök omkring på Vasijaure sjön vid Björkliden. Ida-Maria rös när hon tänkte på dessa vilda djur men det var långt till Björkliden, så hon behövde inte oroa sig. Hon tittade i Skafferiet ,kaffet var snart slut liksom havregrynen, ett kilo kaffe kostade 1,20 kr medan Vårgårda havregryn fick man för 55 öre kilot. Hon skulle

10

även kunna köpa Pelerins margarin samt tobak. Det fanns billiga ryska tobaksblad att köpa, man torkade och skar dem i strimlor till tobak. Ida-Maria rökte pipa likt många andra fruar. Men inte var den tobaken lika bra som hennes morfars. Hon hade fått stoppat hans pipa och tänt den när hon var barn.

Minnen från barndomen sköljde över henne likt en svallvåg. Hon hade varit ett mycket livligt barn som ofta fick stryk, värst var hennes moster. Men hon hade haft så mycket energi och äventyr i sinnet, hon minns så väl en söndag, finklänningen prydde hennes kropp och det vita förklädet satt fast med en rosett i ryggen. Hennes mamma hade varit noga med att poängtera, nu smutsar du inte ner dig! Hon hade svarat likgiltigt, ja mor och sedan begett sig ut. Hon vandrade längst ån vid vattenbrynet där det fanns mycket fisk, närmare bestämt gäddor. Rätt som det var hade hon med händerna fångat en gädda och virat in den i förklädet. Men hon blev lortig som bara den. När hon med gäddan i förklädet närmade sig huset var hon beredd på konsekvenserna av att ha smutsat ner sig. Men den dagen blev det inte stryk, för hon hade kommit hem med mat. Det var enda gången hon kunde komma ihåg som hon inte fick stryk. Därför hade Ida-Maria aldrig agat sina barn, inte Carl-Johan heller. Han hade blivit faderlös när han var sex år. Morden Sabina hade gift om sig med en båtbyggare i Tornedalen, hon kom ursprungligen från Finland.

Ida-Maria sov oroligt denna natt, vred och vände sig i kökssoffan. Carl-Johan vaknade av Ida-Marias bökande och undrade stilla, är det dags nu? Hon kunde inte neka till det, i sitt stilla sinne var hon glad över att hon putsat spisen och skurat golvet. Nu låg trasmattorna hoprullade i rummet. Hon hade piskat dem i den nyfallna kalla snön dagen innan och det luktade ren och friskt om dem. Välsignade unge som valt att bli född på en söndag. Hon skickade Carl-Johan efter hjälp. Det fanns två fruar som kunde hjälpa till, hon visste inte om de var riktiga barnmorskor. En hette Johanna Johansson och den andra var fru Haapala. Bara allt gick bra , en av fruarna i grannhuset hade börjat blöda efter förlossningen, då hade man sänt efter en av bröderna Thorneus som kunde stämma blod. Han hade fått stopp på blödningen men det tog på hans krafter, han hade blivit vit som ett lik i

11

ansiktet och kallsvetten rann i pannan. Jag får lämna mig i fru Johanssons och Guds händer tänkte Ida-Maria.

Förlossningen var nära förstående när fru Johansson dök upp. Hon tittade sig omkring i det varma köket, här var det rent och snyggt vackra trasmattor prydde det ny skurade golvet, konstaterade hon. Vattengrytan stod och kokade på spisen,vantar hängde på tork i en lina ovanför spisen. Det fräste när vattendroppar från vantarna träffade den varma spishällen. Henriksson får ta barnen och gå till grannen, det här är kvinnogöra kommenderade hon, med myndig stämma och föste ut dom genom dörren.

Bara efter några krystvärkar, kom barnet. En liten späd flicka hon kunde inte väga mer än 2 kilo trodde fru Johansson,hon tog fram ett besman krokade i duken som hon lagt det lilla barnet i. Hon väger 2,3 kilo konstaterade fru Johansson med myndig stämma. När fru Johansson stökat undan hämtade hon Carl-Johan och barnen. Där stod nu den lilla barnaskaran Jenny 12 år, Karl Emil 7 år, Johan Ragnar 5 år, Hugo Emanuel 2 år och beundrade sin lillasyster. Bättre julklapp kunde de inte ha fått. Ida-Maria låg i kökssoffan med del lilla i famnen ,hon var allt bra liten men söt .

Jenny satte vatten i kaffepannan och lät det koka upp. Hon malde kaffet i den blåa kaffekvarnen det gnisslade och knakade när hon rörde veven runt runt. Hon drog ut den lilla trälådan i botten på kvarnen den var fylld med kaffe. Hon mätte upp det finmalda kaffet, hällde det i pannan på spisen. Därefter drog hon kaffepannan åt sidan, lade i en sockerbit och slog upp en kopp av det ångande kaffet som hälldes tillbaka i pannan. Hon serverade först fru Johansson innan de andra fick sitt kaffe.

Den lilla blev döpt i prästgården efter tre dagar till Märta Anna Theresia. Faddrar var vännerna Hildur och Verner Bäckman samt Hilda och Herbert Nattyjärvi som funderade på att emigrera till Amerika med sin fosterdotter Ebba. Det hade varit trevligt att få döpa den lilla i kyrkan i Jukkasjärvi, men den var stängd och golvet var uppbrutet,där hade man hittat 87 gravar. I en svart kista hade man funnit en välbevarad kvinna i vackra kläder som sades vara begravd redan någon gång på 1700-talet. Nu skulle nytt golv in före Andersmäss, samernas stora kyrk- helg och då var det även marknad.

I år stod vädrets makter bi och det var inte så kallt som det brukade vara. Nyåret kom, familjen vakade in det nya året hemma. I Norrskensflamman stod följande att läsa den fjärde i första:

Det är nyårsafton. Naturen är klädd i högtidsskrud. Luften den härliga fjälluften är hög, ren och kall. Stora människoskaror äro i rörelse.

Arbetets män och kvinnor äro på väg till de lokaler där i varandras sällskap Skola vaka ut det gamla året och fira ankomsten av ett nytt. Ett lyckligare. Ett bättre än det förgångna. Vi och många, många kommer att styra våra steg till Folkets Hus. Icke för att prisa och lova den gode Guden, utan för att höra en man av folket tala om rent väsentliga materiella ting.

Folkets hus stora festsal som i afton visar sig vara alltför otillräckligt strålar i ett hav av ljus. Väggarna äro runtomkring smakfullt dekorerade med ett tjugotal fanor och standar, vilka bättre än något annat bära vittnesbörd om att vi befinna os i ett samhälle, där arbetarna äro dominerande och där organisations idén vunnit en lika stark som stor och glädjande utbredning. Lokalen är till trängsel fylld av en vaken och intresserad publik ur de djupa leden. Här sitta de, dessa förhatliga, samhälles fientliga och upproriska socialister så lugna och andäktiga och i en allvarlig högtids stämning

Här sitta de, dessa i det tunga gruvarbetet härdade män, som nu under juletid för några korta och hastigt försvinnande dagar får tillfälle att räta på sin, under kampen böjda rygg med vilka, då detta, läses, ånyo äro indragna i det storkapitalistiska intressenas kvarn, och i den snikna vinningslystnadens uppslitande tjänst. Vi ryckas upp ur våra betraktelser av musikkåren på läktaren låter höra de första hänförande tonerna till den härliga och välbekanta proletärs sång: "Internationalen", som kraftigt och fulltonigt brusar genom festsalen.

Ridån för den i salens fond provisoriska uppförda scenen går sakta i höjden. Arbetar kommunens ordförande, en kraftig typ för det norrländska arbetsåren, blir synlig i talarstolen. På sitt enda, flärdfria och vinnande

13

sätt bjuder han de till städets komma ett hjärtlig "Väl mött". Sedan
ytterligare ett musiknummer av den välkända Oktett kåren, förklingat,
återfinna vi redaktören T.h. Zetterling från Sundsvall, uppe å talarstolen.
De tal som nyårsvakarna, nu under årets sista timma fingo åhöra, var utan
gensägelse det allra bästa som någonsin yttras från denna talartribun i
detta samhälle. Herr Zetterling hävdade på ett briljant sätt anseende som
en av partiets förnämste talare. Under den mer timslånga anförande höll
sin publik i oavbruten stämning, ryckte den med sig och höll intresset
fängslat från första till sista ordet. Orden rösten och den måttfulla
framställningen, ja hela talaren framträdande sammanflöt fullständigt med
vad han hade att säga sitt adiorum och det fanns icke en punkt där
uppmärksamheten kunde slappas. Vi avstå från varje försök att referera
talet, ty sådana föredrag som detta kunna icke refereras de måste höras.
Talaren slutade sin med ihållande applåder belönade revy över de
viktigaste av årets händelser med att utbringa ett med fyra kraftigt hurra
rop besvarat leve för 1908, dess kamp, strid och seger.

Midnattstimman närmar sig, musiken underhåller, man pratar lågmält
under man gång efter annan drar fram och jämför klockorna. Tolv dova
slag hördes från osynlig triangel. Ridån går sakta upp. Scenen upptas av
en ståtlig bautasten varpå läses: Här vilar året 1907. Höga sväll tullar.
Avsevärd ökning inom partiet. Många nya fackföreningar. Kränkningar av
föreningsrätten. Sandö domarna. Två nya socialdemokratiska
riksdagsmän. Lönereglering åt järnvägsmännen samt fattigunderstöd åt
Gustav. Till höger om bautastenen märks en ung gosse, som representant
för det nya året, hållande i högra handen ett standar varpå läses "Frihet,
jämlikhet, broderskap", vänstra handen vilade på en trave böcker, över
vilka en skylt med orden "Kunskap är makt" synes. Så framträder red.
Zetterling och håller ett kort högstämt anförande samt utbringar ett
kraftigt besvarat leve för det nya året och för arbetarnas segerrika kamp
under det samma.

14

Ida-Maria lät tidningen sjunka ner i knät medan hon betraktade Carl-Johan som satt vid spisen och späntade stickor med en vass kniv. Vet du, Bäckströms var i stället på godtemplar salongens nyårs vaka berättade Hilda för mig i dag. Där hade ett norskt musikkapell och Kirunas folkteater underhållit publiken. Det hade varit förskräckligt mycket folk sa hon. Tänk att de var så snälla och tog med Jenny till logen Mimers julfest för barn,hon fick med sig julgotter hem och en tidning. Ja de är verkliga vänner nog var det snällt av dem att ta med Jenny kontrade Carl-Johan. Han fick tidningen av Ida-Maria och lade sig på kökssoffans hårda lock. Han fattade tidningen med båda händerna och knyckte till den så det prasslade och fortsatte att läsa tyst för sig själv

Tiden gick i vardags lunkens spår, allt fortsatte gå sin gilla gång. Några kvinnor i Kiruna hade bildat en kooperativ förening för att kunna sälja mjölk utan att kapitalisterna skulle kunna sko sig på arbetarnas bekostnad. De kallade kooperativet för Sigurd Ida-Maria önskade att hon hade haft råd att gå med men det kostade 10 kronor per andel. Handlarna som sålde mjölk, svarade med att sänka mjölkpriset per liter från 19 öre till 16 öre. De ansåg att de hade råd med det under en tid, för att få bort kvinnorna från handel med mjölk. Handlarna försökte även få mjölk leverantören från Hednoret att inte leverera till "Sigurd". Men kooperativ kvinnorna i Sigurd segrade i tvisten, när de satte handlaren i blockad. Kvinnorna tog 18 öre litern, arbetarhustrurna var solidariska och kooperativet levde vidare.

Socialdemokraten Kata Dahlström kom till Kiruna, klädd i vargskinnspäls. Hon hade varit i Riksgränsen och hållit sin agitations föreläsning i tredje klassens väntsal. Den här gången hade ingen Polis dykt upp. Det kostade 25 öre att lyssna på henne, oj vilken svada den kvinnan hade. Hon såg till att kvinnorna bildade kvinnoklubbar. I Riksgränsen bildades en klubb med 25 medlemmar och en ungdomsklubb med 37 ungdomar. Hon sålde broschyrer och vykort. Hon var bland annat emot tio timmars arbetsdag och agerade för kvinnlig rösträtt.

Ida-Maria hade ingen möjlighet att gå på dessa föreläsningar. Hon fick istället höra av Carl-Johan om de, högsvallade och högljudda

15

diskussionerna som pågick bland arbetarna på sågen. Ungsocialisterna i Kiruna eldades upp av Hinke Bergergrens agitations idéer och föreläsningar. Han var emot militären och polisens maktfullkomlighet, man kan säga att han radikaliserats och var för revolution, han uteslöts ur socialdemokratiska partiet. Han hade suttit inne för att ha propagerat preventivmedel. Många hade lyssnat på Fabian Månsson färgstarka,drastiska och burleska talarkonst i socialdemokratisk anda.

I tidningarna fanns annonser med ångbåts resor från Trondheim till Kanada och Amerika, en biljett kostade 125 kronor. Det sattes upp affischer om fria resor till Brasilien Nu skulle här visas att arbetarna var sammansvetsade i kampen och att man hade andra val: "Akta er arbetsgivare, vi kan emigrera om ni inte tar ert förnuft till fånga och behandlar oss som människor!" var deras paroll. Det var strid i byggfacket. En arbetsgivare i Malmö tog stuveriarbetare från England och lockoutade de svenska. Militär och polis skyddade strejkbrytarna. Ungsocialister hade lyckats spränga hål på båten som strejkbrytarna bodde på, en man dog och flera skadades. Kung Gustav den V besökte de skadade på sjukhuset, vilket inte föll i god jord hos de svenska arbetarna som kämpade mot att deras svältlöner inte skulle sänkas.

I Boden detonerade en sprängladdning på Ing3s regemente. En beväring skadades av en sten. Man fick inte tag på förövarna. I arbetartidningarna uppmanades folket att inte bli gulingar och ta arbete hos arbetsgivare som stängt ute arbetare som inte accepterade lägre lön.

Bland arbetar fruarna gick skvaller. En del gjorde sig märkvärdiga på andras bekostnad, andra åter gav sig hän i kvinnornas och männens kamp. Oron hängde i luften för det dagliga brödet, hunger och elände. Ida-Marias oro var inte mindre även om hon förlitade sig på sin Gud. Han skulle nog inte ge henne större bördor att bära än hon orkade bära. Ovissheten tärde likväl på henne ,hon rörde frenetiskt i köttgrytan så att de svarta spisringarna slamrade mot grytans tunga botten.

Hon gjorde i ordning en matlåda till Carl-Johan, Ragnar fick traska iväg till sågen i sina trasiga skor. Solen hade höjt sig över horisonten naturen gick mot en ljus tid. Våren var i antågande. Ragnar kom farm till sågen lagom till middagsrasten, han skämdes över sina trasiga skor. Han satte sig bredvid sin far och väntade, då tog hans far fram ett par nya näbbkängor, stoppade med sko-hö. Carl-Johan hade under sena kvällar och raster sytt skorna förhand och smort dem med fett och tjära. Han tittade på sin son som satt bredvid honom med ett stort leende på läpparna. Ragnar var lycklig och stolt, ivrig att få visa skorna för Jenny och Emil. Dom gick i den nya bolagsskolan och hade säkert hunnit hem.

Vårvintern sjöng på sista versen och försommaren kom allt närmare Ida-Maria stod på Bolagshusets brotrappa med några andra fruar ivrigt spanande efter första maj demonstrationståget. Solen värmde från en klarblå himmel. I fjärran kunde man utskilja de ljusblåa snöiga fjällen. Den av vinden krokigt pinade fjällbjörken hade ännu inte vaknat till liv. Den stod där trotsig och krokig i de kvarvarande snöfläckarna, som glimmade i vitt så det gjorde ont i ögonen. Fru Kokkonen visste att det skulle vara fjorton organisationer som gick i tåget. Främst gick riksdags ledamoten och tidningsmannen August Palm, framför 18 stycken röda flammande standar och en massa fanor. Det var tusentals människor som gick med i tåget efter musikkåren.

Fru Karlsson en kraftig kvinna insvept i en nött yllesjal, hon höll rätt på alla människor, fick syn på länsman Olsson. Han skulle bra gärna velat avstyra det hela, han som är så maktfullkomlig och har ni hört, att han sägs ha kört bort en ung kvinna från järnvägs perrongen med batong? Sa hon och fortsatte, månne det var den rödklädda jäntan som är med i ungsocialisterna. En annan fru föll in och sa , det var ju den andra polisen. Olsson ska i alla fall själv hamna inför skranket förtydligade fru Karlsson med skadeglad stämma. Inte för det där med standaret som han beslagtog från logen, utan för hemfridsbrott. Mitt i natten har han gått hem till den där handlaren som langar sprit, det brukar vara bråk där men inte den här gången. Handlaren hade blivit förd till arresten och misshandlad. Hon fortsatte att kommentera olika människor och deras förehavanden. Ida-Maria lyssnade med halvt öra, hennes tankar gick åt annat håll. Alla dessa arbetare, allt dom vill är att få fred, att få en dräglig lön, drägliga arbetstider och blir respekterade på ett mer humant vis. Skulle det inte vara nog för

17

dessa arbetsgivare och kapitalister? Lågkonjunkturen led ju mot sitt slut. Dessa ständiga hot om lockout och agitatorer som blev fängslade för att ha skymfat överheten. Hon vaknade till när en av fruarna visade en annons i flamman där stod att läsa:
"Lönnkrögare" 30 kr betalar Kiruna centralkommitté som belöning åt de personer som angiva lönnkrögare inom samhället. Premien kommer att utbetalas så snart den angivne blivit till ansvar fälld. Anmälares namn kommer att strängt hemlighållas".
Anmälan lämnas till vaktmästare J. A Sjöström.
Undertecknat
Kiruna Nykterhetsorganisationernas centralkommitté.
Vad tron ni om det? Sade en av fruarna. Den här annonsen har varit inne i tidningen flera gånger. Första majtåget hade dragit förbi och det hördes svagt i fjärran. Ida-Maria frös,hon hade ingen lust att lägga sig i diskussionen med de andra fruarna , den där fru Karlsson skulle då alltid göra sig märkvärdig. En efter en droppade fruarna av var och en till sitt.

Sommaren gjorde sitt intåg, nätterna var åter ljusa. Midnattssolen stod högt på kvällshimlen, med sin orangeröda färg som gav naturen denna underbara fägring. Många lönnkrögare i Jukkasjärvi hade åkt fast och fått dryga böter. Ida-Maria hade bett Jenny följa Ragnar till skolinskrivningen. Till hösten skullen han börja sin skolgång och då hade hon tre barn i skolan.

Carl-Johan hade mycket oroande saker att berätta när han kom hem från sågen. Där gick diskussionen höga om emigrationens för och nackdelar, att ansluta sig till facket eller inte. Några av arbetarna hade läst i Flamman, att bolaget hade tänkt ge icke fack anslutna arbetare lika stor ersättning som de fackanslutna fick , detta i händelse av att storlockouten bröt ut. Det hade varit möte i Folkets Hus för de som var med i facket och nu bjöd facket även in de som inte var medlemmar. Nu skulle man hålla samman och visa kapitalist jävlarna. Många trodde att de som vanligt skulle dra det kortaste strået, medan andra arbetare i övermod trodde att nu äntligen, skulle arbetarna vinna en seger! De flesta arbetarna på sågen gick med i facket,efter det mötet.

Många såg USA och Kanada som räddning om det blev strejk men det kostade 125 kronor för en person att ta sig över Atlanten. Det fanns ett billigare alternativ nämligen Brasilien. Man hade därför bildat en förening för utvandring till Brasilien. Föreningen hade varit i kontakt med en Brasilien agent i Amsterdam, man undersökte om det gick att få fria resor från Narvik. Carl-Johan hade tagit ut flytt betyg till Vardö i Norge ,men ännu hade han inte fått Ida-Maria med på noterna och i han själv hade tvivlet börjat spira. De styrande i föreningen för Brasilien emigrationen hade börjat undersöka om det fanns fler möjligheter att ta sig till Brasilien. På sågen gick diskussionerna höga om bland annat detta land i fjärran. Många ville emigrera andra var emot. En del trodde på disponenten och blev kallade bolagslakejer och var man inte med i facket fick man samma öknamn.

Ida-Maria hade mycket hjälp av Jenny nu när det var sommarlov. Pojkarna ville inte komma in fast de lekt ute hela dagen, det var ljust ännu, solen sken och lekkamrater fanns det gott om så varför gå in, tänkte de. Efter många om och men fick Jenny in dem, tvättade av dem det värsta medan Ida-Maria kokade klimpvälling. Medan hon lagade maten gick tankarna till den stora frågan var de verkligen tvungna att emigrera ovissheten över framtiden vilade tungt på hennes axlar ,men vad händer om det blir strejk?

Carl-Johan var i antågande från sågen, ikväll skulle Ida-Maria och han gå på "Kokous"en læstadiansk samling hemma hos Henrik Fjällborg,där samlades de i kammaren, en utsocknes predikant hade kommit. Väl där fick de lyssna på predikanten, han eldade på om synden, sprit djävulen, fåfängan och förlåtelsen i lammets blod i sin betraktelse. Thorneus var försångare till psalmsången, o så den mannen kunde sjunga. Fru Mikkonen satt tyst vid bordet. Hon brukade ofta falla i extas, vagga fram och åter med kroppen, samt tala högljutt med osammanhängande ord som ingen förstod. Nu satt hon tyst och stilla. Efter svavel predikan läste man ur Læstadius postilla, sedan slutade man med en för de samlade välkänd bön som löd sålunda:

"O Jesu Kristi, vår broder kär, som för vår skull korsfäst är. Med dina sår dy helar väl. En sargad och bedrövad själ, giv att med dig i denna stund, vi rätt förnya vårt förbund. Din nåd är rik, din makt är stor. Amen, välsignad vare den som tror"

Efteråt bjöds det på kaffe innan alla gick hem i sommarkvällens ljusa sken. Midnattssolen färgade himlen med sitt eldröda klot och myggorna surrade ettrigt. Väl hemma, fann de att barnen sov Jenny och Märta sov i utdragssoffan och pojkarna i skrubben. Ida-Maria tog av sig den svarta finklänningen och vek ihop det vita förklädet, som hade en bred bård nedtill. Carl-Johan hängde kostymen på en galge. De kröp ner i kökssoffan tillsammans, plötsligt flammade en eld av åtrå upp och de förenades i en härlig kärleksakt. Glömda var alla bekymmer, det vara bara de två, framtiden såg ljusare ut denna sommarnatt.

Sommaren blev varm, vattennivån sjönk i älven och man fick problem med flottningen. Sågen var beroende av timret och Carl-Johan blev orolig. Han kände arbetsgivarnas svältpiska vina i luften. Han fick en känsla av att gå på tunn blåis, där långt i fjärran syntes en strand, var det Brasilien som gav fast mark under fötterna. Varför kunde inte arbetarna få en dräglig lön att leva på och bli respekterade som människor? Allt han ville, likt många andra var fred, allmän rösträtt en lön som man kunde leva på och en av staten betald arbetsförsäkring. Det var inte för mycket begärt, men riksdagen med sin höger regering gick på arbetsgivarnas linje.

Sommaren övergick i höst, solen gömde sig bakom fjället, det tog längre och längre tid för den att höja sig över fjällryggen. Luften blev klar och naturen kom närmare. Fjällbjörkarna sprakade i rött, gult, orange och på marken flammade det i olika röda nyanser i rött, grönt och brunt. Ida-Maria hade plockat hjortron på myrarna och lingon i skogen. De som inte behövdes av familjen hade hon sålt och fått en bra slant för

Det var nu oktober månad, mörkret hade återvänt, allt var blåsvart ute. Stugvärmen var skön lampans sken föll på Norrskensflamman som Ida höll över köksbordet. Hon läste högt med klar och ljudlig stämma.

20

Försiktighets mått vid kolera anfall. Varje kolerasjuk kan genom uttömningar sprida smittämnet och således blifa upphovet till en kolera härd. För den skull skall varje misstänkt eller utbildat koleraanfall anmälas för samhällets läkare eller hälsovårdsnämnd och den sjuke bör om möjligt genast föras till sjukhus, helst i särskild sjukvårdstransport som bör tillhandahållas av myndigheterna.

Vårdas den sjuke i hemmet skolas alla onödiga besök hos honom och i huset där han bor förebyggas. Desinfektion vid kolerafall kan utföras enligt nedan angivna regler.

Sjukvårdare och andra personer som kommit i beröring med kolerasjuk och sålunda utsatt sig för att få klädet och blottade kroppsdelar nedsölade av den sjukes uttömningar, böra tvätta sig i sublimatlösning och en stund därefter med tvål och vatten.

Härvid har man särskilt att iakttaga stor noggrannhet vid rengöring av naglar, där det är jämförelsevis svåråtkomligt för desinfektionsmedel.

Ytters väl får sjukvårdaren innan fingrarna äro desinfekterade, införa dem eller föremål som med dem fattas i munnen. För att förhindra att smittämnet med den sjukes uttömningar sprids och ger uppkomst af ny kolera fall, måste extremiteterna så fort som möjligt uppsamlas i en hink eller dylikt. Sedan försättas med så mycket kalkmjölk som motsvarar deras egen mängd varefter de lämnas stående i ett dygn.

Under inga förhållanden får exkrementer efter kolerasjuk utslås i grannskapet af brunnar eller andra vattenhämtningsställen. Linne och andra tvättkläder som nedsmutsats av kolerauttömningar lägges i sublimatlösning eller kreosolsåplösning därefter att sändas till tvätt först efter några timmar. Betryggande är att äfen genast koka dylika persedlar i vatten. Gång och sängkläder desinfekteras bäst i offentlig desinfektionsanstalt, dit de på anmälan böra de läggas u ett lakan doppats u sublimatlösning. Öfriga nedsölade föremål, o.d. Tvättas med sublimatlösning.

21

Ida-Maria tittade upp från tidningen och suckade, Gud bevare oss! Carl-Johan berättade att Boman på sågen sagt, att i Ryssland grasserade koleran och att man fått utbrott i Torneå. Hoppas att kylan biter av nacken på den epidemin, fast det är nog bäst att vara förberedd, sa Ida-Maria och fortsatte sin högläsning.

På samma sätt behandlas även misstänkta fläckar på golvet. Skodon och andra persedlar som ej utan att förstöras kunna behandlas med hett vatten, tvättas med sublimatlösning. Stoppade rena möbler m.m. vädras, om ej myndigheterna draga försorg om desinfektionen däraf, ställes på vädring under minst en veckas tid innan av någon annan begagnas. Hafa flera personer insjuknat i samma hus bör det att betraktas som kolerahärd. Lik efter i kolera avliden person insvepes innan den nedlägges u kistan uti ett lakan doppat i sublimatlösning. Vid begravningen efter i kolera avliden böra icke många personer samlas. Begravningen kan ske på vanlig begravningsplats. Begagnade klädespersedlar, som föras från kolerasmittad person till annan ort måste vid uppackning desinfekteras och få innan detta skett icke av någon begagnas. De första sjukdomstecknen äro. Känsla av illamående, oro och tryckningar i maggropen samt diarré jämte snart påkommande kräkningar. Samma tecken förekomma även vid vanlig diarré och innehålla intet för kolera särskilt tecken men då de när kolera förekommer på orten kunna betacka sjukdomens början böra de noggrant uppmärksammas och behandlas. Vid dylik illamående bör därför sängen genast intagas. Terpentinduk eller senapspapper bör läggas på övre buken, något med tillsats av vin eller konjak drickas tills lindrig svettning inträder. Mot diarréer bör tagas något opiumhaltigt medel och det är därför fördelaktigt att redan på förhand af läkare erhållit recept å dylik medel jämte noggrann föreskrift angående användningen.
Påkommen kramp böra armar och ben, ihärdig men skonsamt gnidas med blotta händer eller ylle, mellan gnidningarna värmas fötter och ben med varma krus eller dylikt. Så fort sig göra låter, bör emellertid läkare tillkallas.

Ida-Maria lät tidningen sjunka ned i knät. Står det inget trevligare i tidningen undrade Carl-Johan. Hedin den där äventyraren som kallar sig upptäckts resande är i Tibet, du kan ju läsa själv svarade Ida-Maria,och gav honom tidningen. Jenny och Emil flyttade sig från kökssoffan med varsin bok som de lånat i skolan och Carl-Johan sträckte ut sig på sofflocket med tidningen i högsta hugg och läste tyst vidare,det prasslade när han vände bladen.

Oktober blev riktigt kall, snön kom tidigt redan i mitten av månaden, termometern visade minus 30 grader i flera dagar. Carl-Johan fick delvis plumsa i den ny fallna snön, det knarrade och knastrade under skorna, kylan bet i kinderna. Han var på väg till sågen i tidig morgon timma. Ida-Maria hade fullt sjå med att elda i spisen för att hålla den värsta kylan stången. Vedlåren var fylld med ved klabbar, de slapp åtminstone köpa ved, den kom från sågen och ingick i lönen. Hon sände en tanke till Carl-Johan, han slapp i alla fall arbeta ute i kylan. Nu höll han väl på att lägga in ved i ångpannan tänkte hon. När han fått fyr i pannan fortsatte han att elda med sågspån tills manometerns röda nål stod på 50-60, den fick inte överstiga 70. Det var viktigt hade han sagt till henne en gång. Carl-Johan hade pratat men henne om Brasilien. Han var orolig över att inte få arbete under hela vintern, då sågen gick på halv fart. De flesta av arbetarna fick arbeta med skogshuggning under vinter eller att köra ved med häst. Det var ett slitsamt arbete, hästbjällrorna hördes vida omkring i skogarna och yxhuggen ekade där under vinterhalvåret.

Det nya året gjorde sitt intåg, man skrev 1909. Över himmelen sprakade norrskenet i turkosgröna toner . Det var som en böljande våg som for trolskt fram över kvällshimlen och den mjuka snön reflekterade ljuset likt små glimmande diamanter. Nu längtade man efter solen och de ljusa nätterna. Föreningslivet blomstrade, en av fruarna hade varit och lyssnat på Kata Dahlström. Hon hade lärt sig en visa och sjöng den med glimten i ögat under sitt besök hos Ida-Maria.

Proletärens idealdröm
Hoppsan, slagsan, ding-e-linge-dagsan,
det är faktiskt prata Dahlström,

Kata Dahlström menar jag.
Varje länsman står på vakt,
och skrivet upp vad Kata sagt,
hoppsan, slagsan, ding-e-linge-dagsan

Hon sjöng sex verser till på samma melodi som Amanda Lundbom. Ja,
tänk om vi kvinnor haft rösträtt då skulle världen nog ha sett annorlunda ut,
sade Ida-Maria och slog i kaffe åt sångerskan. Amelia hade anslutit sig till
kvinnorna som var på besök hos Ida-Maria. Amelia hade läst kungens nyårs
tal till folket, han vände sig till männen som om vi inte fanns. Det ska ni
veta Sveriges riksdag är inte bättre och för våra karlar finns ingen bra
arbetslagstiftning, som skyddar dem mot övergrepp från arbetsgivarna.
Det finns ingen arbetslöshets försäkring. Tänk om det funnits en ålderdoms
försäkring så vi inte behövde hamna på fattig stugan när vi blir gamla och
inte orkar arbeta eller blir änkor.

Har ni hört om kapplöpningen med häst mellan Kiruna och
Jukkasjärvi,sa en av fruarna och fortsatte, nämndeman Vidgren och Närkes-
Olle slog vad i fyllan och villan att den som kom fram först till kyrkan
skulle få den andres häst. Närkes-Olle vann med fyra minuter sägs det och
det var rena rama djurplågeriet att köra så med de stackars djuren. Fabian
Månsson ska hålla ett föredrag om parlamentarism och general strejk, har
min man berättat sa fru Virtanen men det kostar 25 öre, de brukar sjunga
internationalen efter sådana föredrag har jag hört. Månsson vill ju att varje
arbetare skall ha ett gevär i sitt hem. Hur ska vi ha råd med det. Jag vill då
inte ha någon blodig revolution om det är det han vill eller vad tror ni?

Påskhelgen kom och med den en uppmaning om att man skulle
bojkotta och inte köpa Pelerins och Zenits margarin. Carl-Johan hade en hel
del att berätta om när han kom hem från arbetet. I fjol hade länsman
Lagerkvist gjort en grundlig visitation på arbetar kommunens expeditions
rum för han trodde där fanns litteratur att beslagta. Han uppträdde alltid
drygt , småkitsligt oförskämt och trakasserade allmänheten, när helst han
kom på. Det var han som överföll och misshandlade en ung kvinna utan
ringaste anledning. När I.O.G.T. Logen Fjäll vakten hade sin basar infann

han sig höggradigt berusad, så man fick kalla på länsman Olsson, som hade fullt sjå med att få med sig Lagerkvist. Logen har inlämnat en protest mot denne polisman. Det är en skam för Kiruna, en vanheder för samhället och för de övriga medlemmarna i poliskåren, att en sådan individ fortfarande skall få bekläda sin polistjänst. Nu har landshövdingen befallt Olsson att komma in med en förklaring. Det skall bli intressant att se om han tar Lagerkvist i försvar avslutade Carl-Johan berättelsen.

Ida-Maria hade även hon något att berätta, regeringen ska kartlägga samernas liv och kungen har förordnat fil.dr Hjalmar Lundbom att göra vissa biologiska undersökningar på dom. Vad tror du det betyder? Carl-Johan såg snopen ut, hur vet du det? Jag kan väl läsa innantill, det stod i tidningen och nu behöver man ingen präst för att gifta sig avslutade hon.

Kiruna hade fått namn, heder och värdighet som municipalsamhälle. Nu planerades det för en brandstation, vatten ledningar och mycket annat. Folket fruktade att länsman C A Olsson fått ännu större makt och myndighet, än vad han hittills kunnat skryta om och att han skulle styra samhället efter ryskt mönster. För nu skulle paragraf 13 av ordnings stadgan för rikets ständer gälla.

Våren kom sent detta år, det var bara tre dagar kvar till pingsthelgen och snön låg kvar på sina ställen. Solen sken och Ida Maria var havande. Branting hade i Stockholm protesterat mot det kommande tsar besöket, tsaren kallade han självhärskar dömets representant. Det hade varit ett kvinnorätts möte i huvudstaden. Strejker och lockouter blev till vardagsmat i Sverige, familjer blev satta på bar backe när de vräktes från sina bolags lägenheter. Det fördes en utsvältnings och svartlistnings taktik från arbetsgivarföreningen, ett av deras mål var att eliminera fackföreningar och lands- organisationen. Det blev många sammanstötningar mellan landsorganisationen och arbetsgivare föreningen, olika försök till överenskommelser grusades. Av regeringen hade arbetarna ingen hjälp att hämta.

Den 22 juni stod det att läsa i Norrskensflamman om solförmörkelse natten mellan torsdag och fredag. Många hade klättrat upp på Luossavaara

25

för att beskåda detta unika skådespel, men av det blev det intet, ty mörka moln skymde solen. Ida-Maria tänkte att det var nog bara för turister, konstnärer och sådana där vetenskaps män som ofta besökte disponent Lundbom, inte har vi vanliga människor tid med sådant trams.

Nykterhetsföreningarna och arbetarkommunen hade gått ihop för ett gemensamt midsommarfirande som blev välbesökt. Man kallade det för midsommar ting, mörka regnmoln hängde i luften på förmiddagen men de skingrade sig fram på dagen, Firandet blev en succé barnen behövde inte betala inträde och Carl-Johan tyckte att 50 öre kunde de för en gångs skull unna sig.

Midsommardagen höll M Zetterling ett föredrag i folketshus, men då stannade Carl-Johan hemma för det kostade 25 öre. Han fick reda på vad som avhandlats där, ämnet var det väntade tsar besöket. Föredraget hade emottagits med stormade bifall och man hade unisont sjungit Internationalen så det dånade i lokalen. Efter föredraget antogs en resolution som löd sålunda.

Medborgare i Kiruna, samlade till ett antal av 300,för att uttala sig angående det på lördag inträffade tsarbesöket, äro fullkomligt eniga om att ett festligt mottagande av den högste representanten för den fruktansvärda ryska våldsåtgärderna är och förbli en outplånlig skam för Sverige i dess egenskap av fri och kultiverad nation. Vi stå maktlösa då det gäller att förhindra det obehagliga och för oss som frihetsvänner kränkande besöket, men vi tveka ej att nedlägga vår skarpaste protest mot ett festligt mottagande av den bloddrypande tsar Nikolai.

I Kungsträdgården i Stockholm sköts en högt uppsatt svensk militär i gala uniform. Han togs för en ryss i tsarens tjänst,av en ungsocialist. Mannen upptäckte sitt misstag och sköt sig själv.

Det kom ånyo lockout hot från arbetsgivare organisationen man skriver den 14 juli och dess ordförande Hjalmar von Sydorf, slår samman ett antal pågående konflikter och kräver en uppgörelse över hela fältet, annars blir det jätte lockout den 26 augusti. Redan den 19 juli samlas landsorganisationens representanter och fattar beslut om att svara med storstrejk den 4 augusti. Carl-Johan hade varit på flera möten i folketshue där han och hans arbetskamrater på sågen anslöt sig till facket. Söndagen den 23juli blir Förlikningsmännens förslag avslagna av båda parterna, Den 31juli samlas alla fackföreningar i Kiruna för information om läget man fick ett flygblad i handen med följande innehåll:

ARBETARE! KAMRATER

Organiserade och oorganiserade
Sedan över ett år tillbaka ha de organiserade arbetsgivarna här i landet bedrivit den mest hänsynslösa och aggressiva taktik.
Med den första fallande konjunkturvinden framträdde arbetsgivarna på stridsfältet med sina lockoutförklaringar. Slag i slag och utan uppehållna lockoutproklamationerna därpå slungat emot oss.
Även det minsta tvistefrågor hava därför tagits som intäkt för och givit anledning till nya lockoutförklaringar, alltid av vittomfattande art, och under ett års tid har varje förhandling måst föras under hotet om en stor lockout.
Under hela sist gångna året sökte man dock från landsorganisationens sida, trots dessa vidrigheter komma fram till uppgörelse utan att upptaga den så många gånger erbjudan jättestriden. Arbetsgivarna ansåg tydligen för sin del tidpunkten för en jättestrid under förlidet år vara den högst gynnsam, på grund av de starkt fallande konjunkturerna och en redan då skönjbar stor arbetslöshet under den förestående vintern. Genom energiska och ihärdiga förhandlingar åvägabringades dock undan för undan uppgörelse under det gångna året, och man hoppades på arbetarsidan, att arbetsgivarnas lockouts raseri skulle så småningom dämpas, men därav blev intet.
I samma forcerande tempo ha lockoutförklaringarna slungats mot Landsorganisationen under den gångna delen av innevarande år. Sålunda stodo vi på våren detta år inför utbrottet av en genom Centrala Arbetsgivarförbundet förklarad lockout, som skulle omfatta hela byggnadsindustrin i landet, vilken lockout dock slutligen undgicks genom

arbetsidéns fasta positioner och med till hjälp av ett kraftigt och klokt ingripande från förlikningsmannens sida. Samtidigt både förklarades och iscensattes en större lockout inom byggnadsämnesindustrin, vilken dock genom nya förhandlingar inom kort fann sin lösning.

Man hoppades nu å arbetarsidan på fred, men härav blev intet. Svenska Arbetas givare föreningen kastade sig nu på krigsskådeplatsen, understödjande de av arbetsgivare inom olika branscher företagna lönereduceringarna. Då arbetarna ej kunde gå med på dessa föreslagna löne reduceringarna som i flera fall uppgingo till 25-50 % å förutvarande löner-kom arbetsgivarnas lockouthot fram, kastande ut medlemmar till ett antal av 50 000. Denna lockout skulle sedan den 2 aug. utvidgas till att omfatta 80 000 medlemmar för att ytterligare utvidgas på tid som Arbetsgivarföreningen behagade bestämma.

Som svar på denna hänsynslöshet har Landssekretariatet proklamerat allmän arbetsnedläggelse. Arbetsgivarna har så velat, må nu arbetarna genom ett mangrant deltagande göra storstrejken så imponerande som möjligt. Må alla och en var med lugn och besinning gå till denna strid. Målmedvetet och besinningsfullt böra alla från och med den 4 aug. lämna sina sysselsättningar, och en arbetsinställelse av denna art skall med sin inneboende kraft verka så mäktig, att intet annat moment må få tillkomma, som förvanskar styrkan däri.

Vad Kiruna angår har samtliga undertecknade fackföreningar i dag å talrikt besökt sammanträde enhälligt beslutat, att strejken skall omfatta alla inom deras fack, utom de arbetare som äro sysselsatta med renhållning, skötande av maskiner för belysning och vattenledningen även så skötseln av levande djur. Samtidigt härmed blockeras alla de arbetsplatser å vilka, enligt samma mötes beslut, arbetet skall nedläggas och kommer envar som där fortsätter eller tager arbete att betraktas som blockad-och strejkbrytare.

Ingen får svika denna strid. Alla måste deltaga för att segern skall hembäras helt å arbetarsidan. Skam över den som skulle svika vid ett dylikt utomordentligt tillfälle som detta

28

Kiruna den 31 juli 1909

Sv. Gruvarbetar förbundet, järn & metall förb. träarbetare förb. Småleri förb. spårvägs förb. Bageriarbetar förb. Gruvarbetar föreningen i Kiruna.

Carl-Johan blev orolig, hur skulle detta sluta! En kamrat deklamerade på vägen hem. Ej under hälar vi böja oss för Bröd. Till kampen upp I trälar. Till seger eller död. Det blev spritförbud under strejken, man utsåg egna vakter som bar en röd armbindel. Arbetsgivarna skickade efter 100 soldater från ing3 i Boden. Kiruna arbetarna lät sig inte bli provocerade, här skulle man visa att arbetarna höll samman i god ordning för att inte förstöra eller misskreditera fackföreningarna och landsorganisationen.

Nu blev det att leva under knapphetens bleka stjärna Carl-Johan bestämde sig, nu skulle det bli Brasilien, bara Ida-Maria fött barnet som hon väntade. Nog var det många arbetare som betraktade militärerna med harm, men ingen ville ha det sagt om sig att han med sitt uppträdande gjort sig skyldig till att ha förstört den gemensamma saken. I hela landet fördes kampen på det mest mönstergilla sätt. Detta väckte stor beundran i Europa framförallt i Tyskland, England, de nordiska länderna och även i Amerika. Från dem strömmade det in hjälp till Landsorganisationen, som fick in ett par miljoner kronor.

Typograferna gick i strejk den 5 augusti, meningen var att detta skulle stoppa högerpressens agitation mot arbetarna. Carl-Johan undrade stilla om det var rätt metod, informationen till de strejkande blev också lidande. Han deltog i flera möten för att hålla sig informerad om utvecklingen. Det kom ut ett tidningsblad under strejken som hette Svaret det kostade 5 öre och gavs ut av landsorganisationen,som i sin tur fått klartecken från typograf förbundet.

Ida-Maria och Carl-Johan fick åter vända på de få slantarna, många var de som fick kredit hos köpmännen. Först den 12 augusti betalades det ut pengar från landsorganisationen som tur var hade man innan fått en liten slant från fackföreningen.

Den 19 augusti försökte förlikningsmannen Cederborg förmå regeringen att hjälpa arbetarna med förlikning utan framgång, den var helt på arbetsgivarnas sida.

Kungen kallade de stridande parterna till samtal. I en tidning kunde man se en teckning av kung Gustav stå och se på en tennismatch mellan de två stridande. Arbetsgivarnas Sydorf stod på ena sidan av nätet på hans racket stod det jättelockout på andra sidan nätet stod landsorganisationens Lindkvist, på hans racket stod det storstrejk på en boll i luften mellan dem stod det skrivet samhället.

Ida-Maria var bekymrad hon var redan i sjätte månaden det var tungt att hämta vatten och hon kände sig redan otymplig. Carl-Johan var på möte i folketshus han skulle anmäla sig till emigrationskommittén för emigration till Brasilien. Hon gruvade sig, det måste ju auktionera bort sitt bohag, allt kunde de ju inte släpa med sig. Bara det inte gick snett med förlossningen. Det hade hänt förr att kvinnor fick sätta livet till vid förlossningen. Nej hon fick inte tänka så, Gud rår och människan spår. Det skulle nog komma iväg om hälsa och liv fick vara och om Gud så vill. Inte hade de råd att delta i de många utbuden som ordnats för de strejkande,som teater och musik uppträdande, förresten hade hon nog med hemma bestyr för att ranta omkring som en del gjorde.

Ida-Maria undrade hur det var på det första strejkmötet som hölls i godtemplar salongen och Carl-Johan berättade. Det var smockfullt med folk svenskar, finnar och lappar i sina utmärkande kläder uppskattnings vis var det ca 1500 personer. Du vet att mötet började kl. 10 med några musikstycken av musikoktetten. Sedan höll Bernhard Nilsson ett föredrag som han kallade Storstrejken ett faktum, det gick hem hos åhörarna. Länsman var där, han godtog att vi utsåg 30-tal ordningsvakter. Mötesförhandlingarna fördes på svenska och finska, folkskolläraren Stenudd tolkade. Sedan höll Palo ett kort anförande på finska och uppmanade de finska arbetarna till obrottslig solidaritet sedan sjöng vi Ungdomsmarschen och man utbringade ett fyrfaldigt leve. Ja så var det med den saken.

Vet du vad jag hörde av fru Karlsson, det hände före strejken sa Ida-Maria. En femtonårig gosse arbetade vid malmbrytningen i Toulluvara han tjänade 1.20 per dag emedan hans kamrater som var lika gamla tjänade 2,25 kr. om dagen. Han frågade om löneförhöjning av förvaltaren men blev bryskt avvisad. Han sökte arbete på sågen fick det och bättre betalt. Han gick till förvaltar Norman och sade upp sig, denne blev arg och sa att grabben aldrig skulle få något arbete vid Toulluvara. När grabben infann sig på sågen för att börja arbeta fick han inte arbetet som lovats honom, för förvaltar Norman hade ringt upp disponenten för sågverket och sagt att grabben var svartlistad. Nu har den stackaren inget arbete, han som är faderlös och skall försörja sin mor och fyra syskon. Är det sant? Ja det är sant, det är så man kan bli vansinnig på dessa makt fullkomliga människor, vad finner de för tillfredsställelse att behandla människor på detta sätt?

Vet du vad mer hon sa, jo att bankerna har hjälp arbetsgivarna med stora lån, så nu skulle alla arbetare ta ut sina surt förvärrade besparingar från bankerna. Det stämmer nog Ida-Maria men det är inte så många som har en sparad slant på banken. Strejken är över för vår del. Den fortsätter bara för de som har arbetsgivare som är med i S.A.F. Svenska arbetsgivares förening. Vi har blivit hotade om vräkning och avsked om vi inte ställer in oss för arbete kl 12 på kontoret. Den där fru Eva hustru till ingenjören har sprungit runt i arbetar bostäderna och försök värva oss till att arbeta. Men där kammade hon noll hon kan bestämma hemma men inte över oss.

Med hjälp av facket har vi svarat med blockad, och bojkott av alla sågverks produkter, de du. Jag tror inte disponenten törs verkställa uppsägningar och vräkningar, för han är i behov av oss och att få sina produkter sålda. Vi beslutade på ett möte att inte prisgiva oss åt bolagets hämdlusta. Vi beslöt därför att tillsätta en underhandlings kommitté.

Kommittén infann sig på slaget 12 på kontoret där disponenten väntade oss stukade med mössan i hand, men då fick han allt se på andra bullar. Vi blev inte vräkta och disponenten tog emot vår kommitté.

Resultatet blev att Föreningsrätten godkändes.

Alla arbetare återtogs i arbete, utan några som helst trakasserier.

Vinterarbete skulle beredas till så många som möjligt och till detta skulle de äldsta på platsen ha företräde.

Blockaden och bojkotten upphävdes och arbetet skulle återupptagas den 14

Avtalet skrevs i två exemplar undertecknats av arbetarnas kommitté för
svenska grovarbetarförbundet avd. 13. KO. Lindberg, D Norman. W.
Olsson, LA Larsson, O. Kronberg, A. Holm.
För Laxforssens sågverk AB, undertecknade disponent Israel Nordin

Ida-Maria hade köpt en liten lax, den var inlindad i tidningspapper. När
hon kommit hem och vecklat ut tidningspapperet kunde hon läsa,följande
vers från det något skrynkliga pappret.

.

Och svält och avtals brott är deras vapen
Den svarta lögnen deras lösen är
Och samvetslös de öppna avgrunds gap
Där hungerdöden sina rov förtär

Väl, utsvältas, som börjat striden
Och ej taga till reträtt
I skolen se, att trots den svåra tiden
Er dömda seger icke bli så lätt
Än frihets känslan sjuder uti barmen
Uppå arbetare i detta land
Och ännu häftigare sjuder harmen
Mot nedrigt smida träldoms band.

Utvecklingen vilja de slå tillbaka
För dem kultur utan värde är
Ej gyllene frukt från den de kunna skaka
Det råa våldet till målet bär
Det mål att hejdlös åt sig råna
Vad landet alstrat från kust till kust
Allt tal om mänsklighet de fräckt förhåna
Vid tanken på de rika rovets must.

Det måste ha varit fler strofer före och efter trodde Ida-Maria när hon fjällade av fisken på det utrivna tidningspapperet sedan kokade hon den. Lite festligt kunde man väl unna sig nu när Carl-Johan åter var i arbete och fått första veckolönen. Med viss besvikelse blev det ett minus på 4 kronors i extra uttaxering till de som ännu var i strejk. Förhoppningsvis skulle strejken inte bli långvarig, nu fick man verkligen vända på var enda slant.

Några dagar senare fick Carl-Johan reda på att Hjalmar Lundbom hade besökt kraftverket för att få arbetarna där att skriva under ett kontrakt, att dom inte skulle vara med i facket, ingen antog det anbudet. Det ryktades om att tre eller fyra man blivit avskedade och svartlistade, de var huvud män i facket och mycket duktiga arbetare. De hade fått hjälp med 500 kronor från facket för att ta sig till Kanada visste Carl-Johan. Männen hade skrivit ett brev från Trondheim, att de var på väg till Kanada och att de kände sig utkastade från sitt fosterland.

Säg det lugn som varar i oktober avskedar Lundin flera arbetare på sågen men behåller ett fåtal och en maskinist. Facket reagerar på avtalsbrottet, de fick tag på Nordin som befann sig i Sundsvall, han blev tvungen att återta alla som han avskedat.

Hösten hade gjort sitt intåg och färgerna i naturen hade för länge sedan målats i sprakande färger. Fjällen tycktes vara närmre, där de tonade upp sig i fjärran, när vädret var klart. Ida-Maria blev tyngre och tyngre barnet sparkade i hennes mage. Det blev kallare ute Carl-Johan hade fyllt vedlåren innan han gick iväg till arbetet. Jenny, Emil och Ragnar hade fått med sig varsin smörgås och en flaska mjölk till skolans lunch rast. De hade fått havregrynsgröt innan de traskade iväg. Ragnar hade blivit retad i skolan för att han sjöng som en flicka, men då hade han hotat retstickorna med att om de inte slutade skulle han bussa Emil på dem. Ja, nog hade den gossen en gudabenådad sångröst alltid.

Man lånade tidningar mellan varandra innan siste man läst den sönder tummade tidningen gick diskussionerna höga,sedan hamnade de vältummade tidningsbladen på utedasset.

Den 20 oktober i Socialdemokratens telegramrubrik stod att läsa:
*"De norrländska gruvarbetarna gå i landsflykt 7 a 800 man beredda att
emigrera till Brasilien"*. Efter dagliga och utförliga artiklar om
emigrationen meddelade tidningen den 23/11:
*"Landssekretariaiet kommer omedelbart tillsända arbetarna i Kiruna
upplysningar i sammanhang med den brasilianska emigrationen,som
Landsssekretariatet anskaffat. Upplysningarna har begärts bl.a. hos
brasilianska regeringens ombud i Berlin dr Heilborn som låtit svara genom
en i Hamburg firma M Morawes."*
*Det står klart att att sekretariatet framdeles nödgas ställa sig stödjande
bakom emigrations förberedelserna skrev Branting i tidningen.*

Kiruna kommittén för emigration till Brasilien bestämde sig för denna
firma i Hamburg,eftersom lands organisationen hade sänt all information
därifrån till dem. Det grasserade Brasilien feber i Kiruna,en man vid namn
Solander som hade en skrivbyrå, var kontakt man åt firman i Hamburg.
Han var behjälplig med allehanda skrivelser till Hamburg agenten och
firman Moravez som hade hotell och ångbåts rörelse. De fick betalt av den
Brasilianska staten för båtresan, agenten för att de värvade folk till
Brasilien. Man sa att Solander fick 10 D-mark för varje person som han
värvade men ingen visste säkert.

Affischer anlände till emigrant kommittén på den man såg man en stor
ångbåt som tornade på haven med tre stora skorstenar och färdvägen målad
i glada färger, Europa , Afrika och Sydamerikanska kontinenten var
avtecknad, överst stod med feta bokstäver NACH SUDAMERIKA,längst
ner rederiet namn och adress.

Det hade även kommit ett färgglatt häfte om Brasilien med
upplysningar om landet på tyska. På framsidan av häftet stod en man i en
hög vete åker med en välfylld penning påse i handen ,han pekade på
överskriften i röda feta bokstäver BRASILIEN, ett ånglok ångade fram i en
infälld bild, betande kor och ett stort fält med vete skylar och två
skördemaskiner dragna av hästar, i fjärran syntes en flod med båtar. Nog
var den bilden tilltalande.

Den 8 november läste Carl-Johan följande i Soc.dem. tidningen utgiven av Hjalmar Branting efter strejkmisslyckandet och nu emigrations problem. *Med sådana förhållanden för ögonen värker fosterlandskänslan fullständigt bort hos arbetarna. Man förstår det frestande uti att för alltid lämna detta land ryggen. Blefe skyddskårena permanenta toge nog entusiasmen hos herrar"arbetsvilliga"snart slut. De besittande klasserna skulle snart märka, att utan arbetare Sveriges ekonomi blefve lika lidande som klimatet om den varma Golfströmmen leddes bort från Skandinaviens kuster. Landets ruin vore helt enkelt omedelbart förestående. Öferklassen månne skumma af raseri ; den fick ligga som den bäddat. Då de styrande ej förmå sörja för att folkets breda lager trivas,må de skylla sig själva för följderna.*

Kanske var det detta som slutligen gav honom kraft att bestämma sig, det kunde bara inte bli sämre tänkte han. Eller var det emigrations feberns grasserade som en väckelse av enorm kraft som gripit tag i honom? Han litade inte på höger pressens varnande svartmålningar, han satte sin tillit till LO och Hjalmar Branting, men uppmanade han till utvandring eller vad menade han egentligen, undrade Carl-Johan i sitt stilla sinne? Badlun en av arbetarna på sågen ivrade för utvandring till Brasilien Gud nåde den som sa emot honom, men nog fanns det en och annan som vågade. Carl-Johan vek ihop tidningen och gav den till biblioteks föreståndaren, här på biblioteket kunde man läsa tidningar utan att det kostade något .

Den 13 november rann strejken ut i sanden efter arbetsgivarnas ordförande Hjalmar Von Sydorfs taktikspel och arbetarna ute i landet stod som förlorare.

Efter en mycket enträgen övertalning av Carl-Johan gav Ida-Maria med med sig, men först skulle hon föda barnet , hon var inte glad men Carl-Johans argument vägde tungt. Carl-Johan anmälde sig för att resa till Brasilien och fick svar, att när helst han sänt pengar för uppehälle och hjälp i Hamburg, så skulle man skicka ett biljett nummer till båtresan, och vidare information. Brevet var skrivet på ett papper med blått tryck varpå det syntes ett fem vånings hotell och ett ångfartyg med fyra skorstenar. Överst stod med feta stora blå bokstäver M. Moravetz. Telegram adress Moravetz Hamburg. Passagier-Annahme fur die Dampfer der Hamburg –Amerika-Linie. Under det stod det med mindre bokstäver Spedition Bank und Wechel – Geschäft.

Han hade pengar till uppehållet i Hamburg, dem kunde han inte skicka förrän Ida-Maria fött barnet. Carl-Johan funderade hur mycket de skulle få för bohaget. Han hade en för honom dyrbar sak, en fullriggare i en flaska, kanske skulle Hjalmar Lundbom köpa den. Mycket riktigt fick han den såld till disponenten, han nämnde inte att han behövde pengar till Brasilienresan då hade han nog inte köpt den.

Barnet kom till värden den 18 november, efter förlossningen kände sig Ida-Maria kraftlös och modlös. Det var som om all kraft hade runnit ur henne. Amelia kom som en räddande ängel i nöden, hon tog med sig Jenny och gick till prästgården, för att få flickebarnet döpt. Inte kunde hon resa iväg så långt utan att ha blivit döpt. Det var kallt ute därför hade Amelia lindat in barnet i en tjock filt. Hon gick med raska steg mot prästgården Jenny halvsprang bredvid, det hade kommit lite nysnö på marken och den virvlade upp kring Amelias långa svarta kjol.

När de kom in i prästgården virade prästen upp filt byltet,:" Oj ni har burit barnet med fötterna upp. Har hon klarat denna färd så klarar hon Brasilien resan", sa prästen och döpte henne till Signe Viktoria.

Carl-Johan hade gått till Solander som hjälpte folk med att få nödvändiga papper översatta. Med sig till Solander hade Carl-Johan prästbetyg och intyg att han var gift, var arbetare och hade kunskap i jordbruk. Nyktert och ärligt levande kunde Carl-Johan komplettera med. Fattades det något intyg så skrev Solander ut ett. Det skulle gå en båt till Brasilien den 22 december från Hamburg. Man var tvungen att vara på plats i Hamburg två till tre dagar i innan. Bagaget skulle sändas tre dagar före avresan från hemorten.

Carl Johan hade sänt pengar med Solanders hjälp till Morawes Det hade kommit en bekräftelse per brev från Hamburg att pengarna kommit fram. Det hade kostat 67,50 kr, 15 kr per vuxen och 12,50 per barn mellan 1 och 12 år. Han hade även fått ett nummer för båtresan för hela familjen. Nu var det bara att få bohaget bortauktionerat och hämta ut det sparade reservkapitalet. Han hade fått en liten summa pengar ur emigrations fonden av Brasilien- kommittén.

Ida-Maria Tvättade, strök kläder och linnet, hon såg över vad som skulle tas med av husgeråden. De hade en stor blå kista med järnbeslag och lås, Carl-Johan hade tillverkat den själv,i den började Ida-Maria att packa ner linnet och filtar. Hur skulle hon få plats med allt och vad skulle hon ta med? Hon kände sig vemodig, hon hade en syster i Kalix. hennes man ägde en bondgård och var fiskare med egen båt, hos dem hade Ida-Maria lärt sig att knyta fiskenät och hon hade många kära minnen därifrån. Nu skulle hon inte få återse sin kära syster. Det knöt sig i bröstet på Ida-Maria men hon stålsatte sig och tänkte, att de var tvungna att resan för att överleva, hon förlitade sig på sin man. Hur skulle hon göra med Signe, skulle hon bära henne i famnen eller i en spånkorg, tvättkorgen blev nog för otymplig. Carl-Johan hade köpt tåg biljetter och fått den blå kistan polletterad.

Deras bohag hade bortauktionerats, det grämde Ida-Maria att ingen hade ropat in hennes trasmattor, utroparen hade slängt mattorna. Ida-Maria ville inte vara med när deras hem gick under klubban, nu ångrade hon sig, mattorna hade jag kunnat ge till Amalia nu var det försent. Mattorna hade hon Ida-Maria vävt i rosengång och de var inte nötta, många minnen av kläder de burit var invävda i mattvarpen. Sparkapitalet var uttaget och låg välbevarat i en påse som Ida-Maria sytt fast i Carl-Johans byxlinning. I unga år hade Carl-Johan varit på sjön och han visste att vidta dessa åtgärder kunde rädda dem från att bli utsatta för ficktjuvar. Biljetter och viktiga papper hade han i kavajens innerfack, låst med en säkerhetsnål.

37

RESAN TILL FRÄMMANDE LAND

Den 16 december 1909 stod Ida-Maria med sin familj på perrongen i Kiruna framför stationshuset med dess många fönster. Huset var två och en halv våning högt och tonade majestätet upp bakom dem. Jenny räknade till nio fönster på andra våningen. Längs hela sidan löpte en överbyggnad. Jag ser fyra skorstenar sa Ragnar. Är huset byggt av virke från sågen undrade han?

Det var flera familjer som skulle med. Pojkarna kände igen Familjerna Thorneus och Wartanen de hade grabbar i samma åldrar, så kom äntligen tåget. Loket spydde ut vit ånga i den kalla vinter luften. Förutom Wartanen och Thorneus steg även familjerna Karlstet, Rönnkvist, Kokkonen och Brolin ombord, det fanns gott om plats. Ida-Maria, Carl-Johan och barnen fick en egen kupé,tåget avgick på minuten 11.05.

Signe var nu 18 dagar gammal, Ida-Maria hade gott om mjölk i brösten. Hon kände att det började att spänna i dem, bara det nu inte rann över så hon blev blöt. Hon var glad över att ha tagit spån korgen, som hon brukade plocka bär i, Signe rymdes nätt och jämt i den. Barnen hade varsin tygpåse att hålla rätt på, Carl-Johan en sliten ryggsäck och hon själv en tygväska med handtag av trä, i den förvarade hon Signes "kissklutar", en dagstidning och några klädnypor. Barnen var spända, de hade aldrig åkt tåg tidigare, men till slut blev Märta och Hugo trötta och somnade på sätet. Jenny kunde inte slita sig från fönstret. Tåget stannade vid varje station till slut kom de till Boden, där klev det på några familjer undrar om de också ska till Brasilien tänkte hon. Henrikssons fick ha kupén för sig själva och tåget började röra på sig. Det bruna stationshuset med drakarna försvann sakta ur synhåll och klockan på stationsbyggnaden visade 6.43 på eftermiddagen.

Det hade gott mer än sju timmar sedan de lämnat Kiruna Carl-Johan tog fram ryggsäcken. De fick varsin mugg med mjölk, ett ägg och smörgåsar. Ida-Maria hade kokat kaffe innan de rest hemifrån och hällt det i en

38

glasflaska som hon stoppat i två yllesockor. Kaffet var fortfarande varmt hon och Carl-Johan lät sig väl smaka.

Till Mjölby kom de först nästa dag. Där bytte de tåg och klev på en vagn som det stod Hamburg på, Carl-Johan hade hunnit köpa mjölk och bröd och fått hett kaffe i flaskan under uppehållet. Tåget stannade i Trelleborg vagnen som de satt i växlades över till den nya tågfärjan som gick till Sassnitz, här tillbringade de natten. På morgonen kopplades vagnen till ett nytt tåg för vidare transport till Hamburg. Som utlovats blev de hämtade på stationen av en man som pratade svenska. Väl på hotellet blev de inkvarterade och kom precis i tid till att maten skulle serveras. Det fick potatis, mosad kokt grönkål och korv som såg ut som fläskkorv, bratwurs sa dom att den hette.

Det fanns ingen mjölk så barnen fick äppelsaft Ida-Maria och Carl-Johan drack öl. Gut fur Frauen, sa en kvinna och pekade på ölet och sina bröst. Ida-Maria förstod vad hon menade. Efter maten gick hela familjen upp på rummet. Ida-Maria gav Signe mat, efteråt bytte hon på henne, Signe somnade mätt och belåten i spånkorgen.

Det fanns ett tvättställ med rinnande vatten på rummet Ida-Maria tvättade upp Signes kiss klutar spände upp ett snöre och nöp fast klutarna med klädnyporna. Barnen sprang i korridoren, hon ropade in dem, de lade sig på sängarna för att vila och somnade. De vaknade först till middagsmålet, det serverades mjölkchoklad till barnen, te eller kaffe åt de vuxna. De hade aldrig sett så många brödsorter, knaprigt vitt bröd som småbullar skivor av svart grovt rågbröd och runda stora bröd. Det fanns leverkorv, ost, olika sorters skinka, flera sorters korv. Tolken meddelade att i morgon kunde de följa med på en åktur i staden, dagen därpå efter lunchen skulle man till stationen för att hämta resgodset och gå ombord på ångbåten.

Carl-Johan tog med sig Jenny, Emil och Ragnar på rundturen. De stannade på ett stort torg där fanns en julmarknad av sällan skådat slag. De gick runt, det doftade av vinglögg, potatis plättar, öl, bröd och granris. Jenny höll ett stadigt tag i pojkarnas händer, i en bod fanns det träleksaker i sprakande färger , underbara speldosor som snurrade runt och spelade julsånger. På dem satt änglar, trumpeter, trummor, soldater, barn, gunghästar och granar, allt målat i vackra sprakande färger. Barnen stannade och såg med förundran på de fina julsakerna, i förvissningen om att detta kunde deras far inte köpa. I ett stånd hängde det stora och små hjärtan av pepparkaka i kulörta band. De var garnerade men spritsade blommor och ord i olika färger. Jenny tittade på ett hjärta, men förstod omöjligheten att kunna få ett sådant. Damen bakom disken frågade henne om något som Jenny inte förstod, då kom tolken som följt med och pratade med damen. Hon hängde ett lite kantstött stort hjärta om Jennys hals och sa:"Gute reise schönes Mädchen." Tolken sa att damen tyckte att hon hade ett så vackert ljusgult hår och att hon inte behövde betala, det var en gåva från damen som önskade lycka till på färden till främmande land. Jenny trodde knappt att det var sant, neg så vackert som hon kunde och sa "tack så hemskt mycket."

Carl-Johan köpte en liten strut karameller av damen. I ett annat stånd köpte han en tvål som luktade viol åt Ida-Maria, för att muntra upp henne. Nog hade han lite dåligt samvete som påtvingat henne denna resa, men de skulle skapa sig en bättre liv i Brasilien,det var han helt övertygad om.

Nästa dag bestod lunchen av, en stek och med något som såg ut som palt och med mörk sås till, alla åt med god aptit. Familjerna skulle samlas utanför hotellet efter maten, man hade blivit uppmanade att skriva hem och berätta om sina upplevelser i Hamburg. Ida-Maria skickade ett vykort till sin syster Emma i Kalix. Men nu var det nog med utgifter, för här gällde det att vara rädd om sina slantar.

De kom till hamnen och fick syn på ångbåten och såg hur man lastade in resgodset och deras blå kista var med. Båten var imponerande men när de kommit ombord blev Ida-Maria väldigt besviken, de skulle inkvarteras i främre lastrummet. Hon suckade djupt, det fanns sängar åt dem, pressningar gav varje familj lite avskildhet. Hon tröstade sig med att filtar lakan och kuddar var rena. Men inte var det så här hon tänkt att de skulle resa.

De gick upp på däck för den svenske konsuln Malte Ammen som var stationerad i Hamburg ville träffa alla Svenskar som skulle till Brasilien.

40

Han ställde en massa frågor till dem, när han kom till Carl-Johan fick han syn på Ida-Maria bärandes på Signe. Han frågade han hur gammalt barnet var, 22 dagar svarade Carl-Johan.

Konsuln tog upp en flaska med rom ur överrocken, lilla frun behöver något stärkande på den långa resan med ett så litet barn, sa han och gav Ida-Maria flaskan. Hon tackade, senare stoppade hon flaskan under huvudkudden i det förhatliga lastrummet. Argt tänkte hon, vi är människor och inte boskap. Vad Kirunaborna inte visste var att konsuln följande dag skrev en rapport till Sverige som löd sålunda.

Svenska utvandrare till Hamburg den 23 december 1909

Brasilien   *No.234*

Till Herr Excellens för utrikes ärendena.
Under gårdagen afreste härifrån ett tiotal familjer
om tillsammans närmare 70 personer, kommande från Kiruna,
med tyske ångaren "San Nicolas" till Brasilien.
Enligt hvad ifrågavarande utvandrare af den brasilianska
Regeringen, som lärer utlofvat dem jordlotter och odlings-
lån m.m. Men resan från hemorten till Hamburg hafa de själfva
bekostat som brasilianska regeringens agent här uppträder en herr M.
Morawetz

Denne lärer hafa använt en herr Gustav Sondell i Malmberget eller Boden
såsom förmedlare vid underhandlingarna med emigranterna. Sagda
Sondell lärer å sina bref hafva använt firmanamnet: "Korrespondens
Affären".
Det befordrade rederiet "Hamburg-Susamerikanische-
Dampfschiffs-Gesselschaft". Synes ej hafva direkt med affären
Att göra, utan hafva utvandrarna här erhållit biljetter
För överresan af herr Morawetz. Men vare sig af denne eller
af Sondell underskrivna kontrakt lärer icke hafva förefunnits,

41

så att, om t.ex. på grund af sjukdom någon vid läkarbesiktningen
skulle vägrats medfölja, funnes ingen till hvem man
skulle hålla sig för underhåll här, återresa till hemorten
o.d. Ej heller synes någon säkerhet finnas för att brasilianskas
regeringen skall i allt infria de löften, som Morawetz och å dennes
vägnar Sondell afgivits om jord m.m. i Brasilien

Under anförda omständigheter synes mig skäl förefinnas
Att närmare undersöka Sondells förhållande i denna
Affär och att utröna, huruvida icke här må föreligga ett
kringgående af förordningen den 4 juni 1884 om hvad med afseende å
utvandrares fortskaffande till främmande världsdel bör iakttagas.

Enligt uppgift att de häröfer resta utvandrande
lärer ett antal familjer från samma trakter i Sverige hafva
jämväl med Brasilien som mål afrest över Göteborg och Kristiana

Undertecknat   Malte Ammen.

Detta brev blev stämplat i utrikesdepartementet 23,1284, Gr 54, AFDf,
mål 1.

Detta stod skrivet med handstil på den maskinskrivna sidan av rapporten

Kom, Koll 27/12 Original skrivelsen översändes till Kom, Koll för vidare
åtgärd.
Kom Koll remitterade ärendet till H .B. i Norrbotten, som svarade
Att ärendet icke föranledde HBs någon åtgärd när Sandells förfarande icke
kunde ses lagstridigt.

Om detta visste Brasilienfararna inget, när de for fram på Elbe på väg ut i Nordsjön. Någonstans här blir Ragnar ensam i deras presennings behängda

42

rum. Han var törstig och tog fram romflaskan, han fick av korken och smakade, det smakade sött så han tog en klunk till satte tillbaka korken ordentligt och lade tillbaka flaskan under kudden. Han tog sig upp på däck och där började han klättra på relingen,som tur var fick Carl-Johan tag i pojken, Herre Gud Ida-Maria han är ju full, sa Carl-Johan. De skyndade ner under däck romflaskan låg prydligt igenkorkad under kudden." Jag skulle bara smaka" ,sa Ragnar. Carl-Johan förklarade för pojken att detta var medicin för mamma och inte för någon annan. Man blir ju konstig och sjuk av den medicinen tyckte Ragnar. Bara om man är barn, sa Carl-Johan. Det kunde ha slutat med en tragedi, tala om änglavakt. När de gick och lade sig kände Ida-Maria,mitt i all oro och osäkerhet över vad som väntade dem, ett lugn och tacksamhet över att allt gått bra med Ragnar. Herren bär oss konstaterade hon trösterikt.

Julafton kom och familjen satt nere i lastrummet efter middagen. Det var råkallt uppe på däck. Då tog Carl-Johan fram karamell struten och barnen delade rättvist på innehållet, vilken glädje som lyste om dem. Han tog fram violtvålen som var inlindad i ett färggrant papper, god jul Ida-Maria. Hon blev glad och det kändes lite bättre i själen, för hon hade gruvat sig för denna resa. En tvål som luktade gott av viol vilken lyx att få känna violdoft mitt i alla lukter av både det ena och andra här i lastrummet. Ett leende spred sig över hennes läppar och det glittrade till i hennes ögon. Nog hade han hjärtat på rätta stället hennes Carl-Johan.

De hade vant sig vid rutinerna ombord och lämnat Engelska kanalen bakom sig. Båten styrde ut på Atlanten nästa stopp blev Lissabon. Där steg några första klass passagerare av och några klev ombord. Själva fick de inte gå iland. Luften blev varmare och om natten kunde man se en stjärnbeströdd himmel.

På nyårsaftonen lade båten till på ön Madeira, där fick de beskåda ett fyrverkeri på kvällen, något sådant hade de aldrig sett förut. Hela himlen sprakade i olikfärgade kaskader av ljus kulor, guldregn och det smällde varje gång som en ny raket briserade.
Kyrkklockor började att ringa och alla båtarna i hamnen tutade i ångvisslorna. Det ska nog bli ett gott år för oss Ida-Maria, sa Carl-Johan.

Ja, om hälsa och liv får vara och Gud så vill suckade hon. En äldre herre hade gått av båten. Ångbåten fortsatte längs Afrikas kust, på Kanarieöarna stannade båten. Där hämtade man friskt vatten,sedan fortsatte färden förbi Kapverde öarna.

Därefter blev det bara vatten så långt ögat kunde se, i horisonten smälte vattnet samman med himmelen, och det blev skönare att vistas på däck. Barnen sprang och lekte. Det var då det hände Ragnar snubblade över en kant och föll ner i en lucka. Han höll sig krampaktigt fast om röret som han landat på. Långt ner under sig såg han hur båtens maskineri arbetade. Då, just som det brände till i foten kände han ett stadigt tag om byxbaken och han lyftes upp av en jungman, foten hade bränts på de heta rören under det som han hade klamrat sig fast vid. Jungmannen bar Ragnar till doktorn. Doktorn kysste Ragnar på båda kinderna och slog ihop händerna, sedan gav han Ragnar ett präktigt bandage om foten.

Det dröjde inte länge förrän förstaklass passagerarna fick reda på olyckan, de hade samlat ihop godsaker och karameller åt den söte pojken. Andre styrman skickades till Ragnar med de insamlade godsakerna. Det var så mycket, att han kunde dela med sig till de andra barnen. Ida-Maria tackade Gud för att han hållit sin hand över gossen, hon vågade inte tänka vad som hänt om han fallit ned på maskinernas kolvar och de heta rören. Lilla Märta fick den största och finaste asken med choklad, hon avgudade sin store bror, snart hade hon kletat ner händerna och ansiktet. Jenny fick rycka in och torka av henne, innan hon kladdat ner hela klänningen.

De passerade ekvatorn och de som reste i hytterna, blev döpta i en balja vatten av havsguden en utklädd matros på övre däck. De var trevligt att titta på från undre däck. Ragnars sår blev omlagt varje dag av skeppsläkaren och innan de nått Brasiliens kust var brännsåret läkt. Ibland gick Emil och Ragnar förbi kockens dörr, han stack ofta till dom en smakbit av något gott. Ida-Maria hade allt som oftast någon fru att språka med uppe på däck, de pratade om passagerare, maten ombord, Kiruna och ängslan över barnen. Några hade en stick i händerna för att inte vara sysslolösa. Men nog längtade man till att få fast mark under fötterna. Carl-Johan höll ögonen på Emil, Ragnar och Hugo, han ville inte uppleva några fler olyckor.

Dagen kom när de såg Brasiliens kustremsa i fjärran. Här och var kunde man se vita fläckar, de liknade snöfläckarna på fjällen i Kiruna under sommaren. Det var bomullsfält som man såg i fjärran, fick Ida-Maria reda på av ett fartygs befäl

BRASILIEN

Brasilien äntligen, men än var man inte framme i Rio de Janeiro. Här i Pernambuco provianterades mat och andra förnödenheter. Båten låg i hamnen en och en halv dag Några passagerare steg av och några klev ombord. Ida-Maria kände sig sysslolös och förväntansfull, och oros tankarna dök upp återigen. Hur skulle det gå för dem i det främmande landet. När något var ovisst och osäkert brukade Ida-Maria säga om hälsa och liv får vara och Gud så vill. De kärnfulla orden är nästan som en bön tänkte Ida-Maria tyst för sig själv där hon stod uppe på däck vid relingen. Hon såg Jenny stå vid relingen en bit bort,hennes ljusa långa hår fladdrade i vinden och hon höll Märta hårt i handen. Märta pekade på alla båtar och Jenny berättade och förklarade. Båtens ångvissla tjöt och man backade ut från hamnen, snart försvann Pernambuco i horisonten.

Nästa morgon tog Ida-Maria lilla Signe med sig upp på däck, det var skönt att komma upp i friska luften och från allt surr av människoröster, sång, musik och skrål. Värst var ryssar och polacker till att vara högljudda. Uppe på däck upptäckte hon att sticken hade blivit kvar under däck. Hon lade Signe i en av däckstolarna för säkerhets skull band hon fast henne med sjalen. Det skulle gå fortare att klättra ner utan Signe på armen. Fort var hon uppe på däck igen,till sin fasa såg hon att Signe inte låg kvar i däckstolen. Paniken slog till Ida-Maria med full kraft, ångestens kalla hand grep tag i henne och hon fick svårt att andas, tankarna virvlade runt i hennes huvud. Gode Gud hjälp mig! Då dök det upp några barn som berättade att en kvinna tagit med Signe upp till första klass, de kunde peka ut vilken hytt som kvinnan hade.

Lättad , men omtumlad av oro och skuldkänslor med en växande vrede skyndade Ida-Maria till den utpekade hytten. Hur kan man ta någons annans barn? Hon ryckte upp dörren till hytten, det gick av bara farten. Där låg Signe på en säng, en mörk tjock kvinna i en grön siden klänning och med guld örhängen och stora ringar på fingrarna satt på sängkanten. Hon tog Signe i famn och vägrade att ge henne till Ida-Maria. Kalla kårar gick

46

längs Ida-Marias rygg, hon sprang och hämtade kaptenen följd av en stor barnaskara. Han följde med utan att förstå vad Ida-Maria sa. När de kom till hytten och han såg Signe förstod han sammanhanget. Den främmande kvinnan var inte glad och Ida-Maria uppfattade trots att hon inte kunde språket, att kvinnan inte frivilligt tänkte lämna ifrån sig lilla Signe. Kaptenen stod på sig med myndig stämma, tog barnet och gav det till Ida-Maria.

Med Signe hårt tryckt mot sitt bröst gick Ida-Maria ner från första klass hytterna. När hon kom ned stod en orolig Carl-Johan redan där, några av de äldre barnen hade hämtat honom. Ida-Maria räckte över barnet till honom, sedan satte hon sig på en av däckstolarna, hennes underarmar började att skaka, hon hade ingen kontroll över dem. Tacksam över att allt gått bra ,men de skrämmande tankarna på vad som kunde ha hänt fortsatte att snurra runt i hennes huvud. Efter ett tag släppte chocken och hennes armar blev stilla. Hon mötte Carl-Johans oroliga men kärleksfulla blick samtidigt som hon sträcker armarna efter den lilla Signe. Deras tysta samförstånd bröts av Ragnars spontana fråga:"Far,varför tog tanten Signe?man får ju inte stjäla".Ja du min son ,jag vet inte varför,men du har rätt man får inte stjäla. Vi får vara tacksamma att allt gick bra och att din mor är så klok och driftig.

Två dagar senare anlöpte båten hamnen i Bahia som låg inbäddad mellan höga berg. Där såg Ida-Maria den sidenklädda barn tjuven gå i land. Det blev bara ett kort uppehåll sedan strävade "San Nicolas" ut på redden och styrde mot Rio de Janeiro. Dit kom de drygt en dag senare. Inloppet till hamnen var mäktigt. Höga toppiga gröna berg kantade vattnen vägen, underliga stora djur plaskade runt i strand kanten ,det var flodhästar fick dom veta och i fjärran tonade en ståtlig fyr upp. Klipporna grönskade av växter och blommor, den här hamnen var stor. Många långa små båtar lastade med grönsaker och frukt svärmade runt fartyget. Man kunde köpa frukt, en korg hissades ner med pengar och man kunde sedan hissa upp frukt.

Längre upp låg pråm liknande ångbåtar med tak av segelduk, de var minst ett trettiotal. Det fanns ett hundratal stora båtar, en del segelfartyg och många ångfartyg, vilken mäktig syn för ögat att skåda allt detta främmande. Här hämtades de av pråm ångare som skulle föra dem till Blommornas ö "Ihla das Flores".

Avskedet från "San Nicolas" var anslående, handslag utbyttes med en del befäl och besättning, de viftade med hattar och näsdukar, hämtbåten tutade 3 gånger och blev besvarad av "San Nicolas" ångtjutande vissla. På blommornas ö blev de iland satta på en träbrygga framför ett väldigt långt magasin med ett tak över bryggan som skyddade dem mot solens strålar. Färden hade tagit en timme, det var flera båtar som lämnade fartyget. Kirunaborna och några andra svenskar hamnade i samma båt och kom först i land, efter kom pråmar med ryssar, polacker och tyskar.

Här magasinerades svenskarnas rese gods efter att ha passerat genom tullen. Brasilianare i uniform kontrollerade så att ingen var sjuk . Två stora stentrappor ledde upp från magasinen, till två stora kaserner som minst var 150 m långa och byggda i sten. Det fanns en stor matsal emellan dem. Byggnaderna var vit rappade med en terrass liknande balkong efter hela långa sidan av andra våningen. Det löpte ett staket längs terrassen som här och där hade en öppning med en spång som ledde upp till balkongen. Här fanns stora sov salar, men det var fulla så Kirunaborna fick egna små hytter med sängar, en hytt för varje familj.

Carl-Johan tyckte det luktade av desinfektions medel i rummet så han ville inte att familjen skull gå in innan han fått reda på om här bott sjuka människor. När han fick tag på tolken kunde denne berätta att man desinfekterade rummen efter varje ny familj och inte på grund av sjukdomar. Ida-Maria fick reda på var man tvättade kläder , tvätt stuga var stor med stora bassänger av cement och det fanns gott om vatten. Det fanns moderna toaletter på varje plan av kasernerna. Matsalen var enorm, det var högt i taket och man såg takstolarna, tolken sa att den rymde flera tusen människor. Det fanns en bred gång i mitten av salen och på var sida stod det långbord med bänkar. Borden hade marmorskiva och det var dukat med plåttallrikar och muggar.

Emil och Ragnar fick lov att gå på upptäcktsfärd. De häpnade över alla vackra blommor, palmer, buskar och träd. Över allt gick det gångstigar. De såg ett hus som hade ett enormt kök och på andra sidan fanns ett sjukhus med apotek. Över allt stötte de på militärklädda män som log vänligt mot dem. Pojkarna såg ett litet tvåvåningshus med en vacker trädgård som var inhägnad med ett stort staket. Det var varmt så gossarna tog av sig skjortorna och band dem runt midjan, solen stekte fåglarna kvittrade och syrsor stämde in i fågelkören. Häpna över alla nya syn in tryck glömde de bort tid och rymd. Snart började deras magar att kurra efter mat och de vände tillbaka.

När de kom hem blev Ida-Maria blev förskräckt då hon såg deras solbrända axlar fulla med begynnande blåsor. Hon frågade dem hur det kom sig att de inte känt hur stark solen brände. Carl-Johan kunde inte låta bli att skratta,samtidigt som han uppmuntrande sa till sina båda söner, att nu får ni nytt skinn som tål Brasiliens sol. Tolken hjälpte Ida-Maria till apoteket där hon fick en kaktus salva att smörja in gossarna med. Den svalkade skönt på den sönder brända huden. Här på ön skulle familjen stanna i 6-8 dagar. De blev alla läkarundersökta och vaccinerade. Carl-Johan fick visa upp deras papper och berätta att de tänkte slå sig ner i Rio Grande du Soul i Porto Lusena,eftersom han visste att där fanns det Kiruna bor, några hade berättat om livet där ute i brev till Kiruna, en av dem var Palo

Han fick papper och en summa pengar inför resan dit,som var gratis och betalades av Rio Grande de Souls provins regering. I Porto Lusena fanns det redan Kiruna bor som skrivit hem och berättat om stället. Ida-Maria hade hunnit med att tvättat alla deras kläder och de hade allihop badat sig rena. Det var en skön tillvaro i vacker omgivning, all personal var manlig och klädda i uniform, men mycket vänliga. Rent vatten fanns i kranar över allt.

Maten serverades i den stora matsalen. Där rådde det ordning och reda, men ett surrade oljud av olika språk, från minst 1000 personer som åt samtidigt. Klockan sju serverades frukost med kaffe och vetebröd. Lunch serverades klockan 10 bestående av potatis, bönor, kött och bröd. Klockan

49

16 var det middag, den bestod av tre huvud rätter, oftast med fläsk, kött, majs, bönor, ris, potatis någon gång fisk. På kvällen serverades te och vetebröd. Det var en skön tillvaro, ingen Kirunafamilj hade behövt besöka sjukhuset. Man höll samman och barnen lekte med varandra. Någon kväll samlades man på terrassen och Carl-Johan läste ur postillan. Två av Kiruna familjerna deltog inte, för dom var socialister. De tolererade laestadianerna enbart för att de var landsmän.

Avresedagen kom och man samlades vid magasinen nere vid hamnen och resgodsen bars ut på bryggan. Kust ångaren lastades med människor och gods. Besvikelsen var enorm, för lastrummet de skulle vistas i var trångt, inga sängar fanns utan hängmattor av segelduk hjälpligt avskilt med presenningar. Maten visade sig vara under all kritik och många blev sjuka. Båten stannade i alla små hamnar. Carl-Johan köpte frukt och meloner vid varje stopp. Ida-Maria sparade alla kärnorna, de tänkte hon plantera på sin utlovade kolonilott. De vistades för det mesta uppe på däck. Vistelsen på blommornas ö hade stärkt dem till kropp och själ, det hjälpe familjen Henriksson att klara denna prövande del av resan. För en Kiruna familj dog ett barn av feber och vätskebrist. Kaptenen ville begrava det lilla barnet till havs men föräldrarna vägrade. Det dog ytterligare ett barn som blivit sjuk av den usla maten. Efter många om och men fick barnens föräldrar gå i land vid närmaste brygga och begrava barnen i ovigd jord. De fick inte någon lång stund på sig innan båten åter stävade ut på havet. Ida-Maria försökte trösta de förtvivlade mödrarna, hon visste vad de gick igenom. Det var den grymma verkligheten och inte blev det bättre av kaptenens ord: "Bättre till havs än i jord där vilda djur kan gräva upp barnen". De övriga svenska kvinnorna drogs till Ida-Maria hon hade alltid ett lyssnande öra och en hjälpande hand. Hennes goda humör och humor fick många av fruarna att inte hemfalla åt grubbleriernas mörka avgrunder.

De hade varit till sjös i fem dagar och kommit in i skeppets vardags lunk, nu närmade båten sig land och man gick igenom ett smalt sund genom sand dyner. Båtens vissla tjöt och en stor flock flamingo fåglar flög mot himlen, man kunde höra deras vingslag. Längre fram såg de olika vadar fåglar en del stora andra små, vita svanar och till och med svarta. De passerade en hamn sedan bar det ut på ett stort vatten,ett i fjärran syntes bruna klippor av stora stenbumlingar. När de närmade sig såg man gröna buskar som kantade stränderna, många gröna små öar passerades. De såg gröna papegojor i massor, över båten flög en stor rödhalsad papegoja med stora blå vingar och blåröda stjärt fjädrar. Det var den vackraste fågel som Ida-Maria sett i sitt liv.

Sedan såg man bara vatten och långt borta i horisonten skymtades öar. De var på väg till Porto Alegre slutmålet på båtfärden. Än var det långt kvar, natt mörkret föll snabbt och solen hade för länge sedan dalat i ett orange färgat skimmer. Månen såg inte ut som hemma här låg den som en hängmatta på himlens stjärnbeströdda häll. Det skulle bli skönt att få fast mark under fötterna. Från det smala inloppet till lagunhavet " Laguna dos Patos" och Porto Alegre hade det tagit 25 timmar. De närmade sig hamnen i morgondiset och såg en vit kyrka med två stora torn torna upp bakom en väldigt lång magasin byggnad som hade många portar. Här väntade häst droskor på dem. De blev uppdelade i grupper ryssarna och sjuka skulle till ett kloster sjukhus, droskorna med svenskarna skulle vidare till en järnvägsstation. Carl-Johan försäkrade sig om att deras bagage blev lastad på droskan, Ida-Maria hade nog med att se efter barnen. Slutligen rullade vagnarna iväg ackompanjerade av hästhovarnas klampande mot gatan. Färden genom Porto Alegre blev en trevlig upplevelse. Man for förbi många stenhus med vackra balkonger med sirliga järn räcken, tvåvånings spårvagnar rasslade omkring på gatorna. Underbara parker med blommande träd, buskar och rabatter i alla regnbågens färger passerades.

Ida-Maria var trött men höll modet uppe, barnen var exalterade av alla nya intryck. Lilla Signe gnällde hon var nog hungrig, det var inte läge för amning ännu. På järnvägs perrong rådde en stor villervalla. De tog plats i en trävagn, medan Carl-Johan såg till att bagaget kom med. Loket spydde ut rök och tjöt med ångvisslan och det ryckte till i vagnen, nu var de på väg. Landskapet susade förbi stora fält med betande kreatur byttes mot skog klädda kullar, lustiga träd som såg ut som tallar med grenar som slutade i en grön boll. Palmer, gul blommande buskar och träd. Ida-Maria slumrade till, hon vaknade upp när de kom fram till en station. Tåget stannade i Iljui och fortsatte mot Santa Rosa här var landskapet skogs klädd med många dalar och raviner.

På stationen i Santa Rosa väntade trä vagnar som hade stora hjul, en var förspänd med mulor i sex spann, de andra tre drogs av fyra oxar i par. Vagnarna hade segelduk till tak.

Två familjer fortsatte med tåget till Erichim efter att ha tagit adjö med en önskan om fortsatt lycklig resa.

Nu var det bara fyra svenska familjer som fortsatte färden med oxkärror. Det gnisslade, knakade och skakade i vagnarna som kallades "carrocas" vägen var gropig om man nu kunde kalla det väg. De passerade små byar med enstaka hus där kunde man köpa mat. Carl-Johan gjorde inköpen och Ida-Maria lagade maten av det som stod till buds som torkat kött, majsbröd och mjölk. Hon var väldigt noga med att all mat skulle kokas ordentligt. Kuskarna gjorde upp eldar av stockved på kvällen och man fick sova under bar himmel. Det var kyligt på natten och de somnade av trötthet.

De hade bara gjort en dagsresa, det återstod två. Landskapet blev mera kuperat och man var tvungna att gå långa sträckor på den röda , dammiga , smala, krokiga och knaggliga vägen. Efter andra natten blev lilla Märta sjuk hennes panna var glödhet och hon klagade över magont. Fruktan satte klorna i Ida-Maria och hon blängde argt på Carl-Johan, men han märkte det inte, upptagen som han var med funderingar över vad framtiden hade i sitt sköte. Barnen höll sig stadigt i vagnens sida under färden, för den skumpade och vickade fram och tillbaka från sida till sida .De var för trötta för att klaga och oroliga över att lilla Märta hade blivit sju

Framme

De kom fram till Guarany en liten by med en bred gata kantad med
omålade trähus på ömse sidor. Flera ryttare till häst virvlade upp det röda
jord dammat från gatan. Grisar bökade mellan husen, höns sprang kors och
tvärs över den, men man såg inga vagnar. Detta var huvudorten, här bodde
föreståndaren för kolonin området. Här köpte Ida-Maria ett klänningstyg åt
Märta, hon låg i en hängmatta som Carl-Johan gjort för att hon inte skulle
fara illa av allt vaggande, guppande och krängande i vagnen. Ida-Maria
lade det blommiga tyget över Märta. Mamma ska sy dig en klänning när vi
kommer fram sa Ida-Maria. Ge det åt Signe istället jag behöver ingen
klänning, svarade Märta. Ragnar höll henne i handen och hon tittade på
honom med sina feberblanka blå ögon. Det snörde till i Ida-Marias hjärta
hon kände tåtarna tränga fram, hon vände bort blicken. Carl-Johan
bleknade under solbrännan i Guarany stannade en av Kiruna familjerna.

De kom fram till Porto Lusena på aftonen och blev inkvarterade i ett
tvåvånings trähus. Här fick de vänta på kommissarien som skulle dela ut
kolonilotterna. Under natten blev det täta besök ut till avträdet av alla i
familjerna, många han inte ända fram. De var tvungna att huka sig vid
stigen trots rädsla för ormar.

Här fick de vänta för kommissarien skulle komma först nästa dag och
ha en tolk med sig. Sent på natten blev Märta ännu sämre, hon kräktes och
efter ett tag började det rycka kramp artat i armarna och benen på henne.
Kroppen spändes i en båge och huvudet vickade krampartat allt snabbare.
Det kastanj ljusa håret blev vått av svett hon tittade ängsligt upp. Ida-Maria
höll henne varsamt hårt som om hon försökte att mildra kramp anfallen.
Den lilla kroppen spändes åter likt en båge armarna ryckte otäckt , båda
ögonen for åt samma håll, som om hon tittade upp i taket. Kroppen darrade
och blev stilla, ett lugn spred sig över henne precis som hon log, lilla Märta
var död.

Barnen förstod inte först att Märta dött, Ida-Maria lade ner henne försiktigt och svepte henne i klänningstyget. Barnen började gråta, Ragnar var otröstlig han smekte Märta över kinden medan han hulkade av gråt. Till slut blev de hämtade av en man, för att få sin kolonilott. Han var klädd i en grå halvlång rock och hade en svart halsduk lindad kring halsen och brunröda grå smutsiga bylsiga byxor ,som troligen varit vita en gång,många av männen gick klädda på det viset upptäckte Carl-Johan. De traskade efter mannen på den enda gata som fanns ,den var kantad med trähus och det vimlade av karlar till häst, de dammade förbi i ett moln av röd jord.

När familjerna kom fram till platsen för utdelningen var tolken redan där, även andra familjer fanns på plast. Fiskalen som lydde under chefen för kolonierna satt vid ett skrivbord. Han fick syn på Ida-Maria, var hade han sett henne förut. Detta sorgsna leende, bleka ansikte med svagt röda kinder med ett barn i famnen. Hon var vacker och skilde sig från de andra kvinnorna. Ja nu visste han, den heliga madonnan Maria i jesuit klostret på andra sidan av floden. Han vände sig mot tolken och frågade vem hon var. Han kunde inte skicka henne till vilken kolonilott som helst. Det fanns en som hade ett kokhus den var den bästa lotten som han hade att fördela denna dag. Han kallade fram Carl-Johan och räckte fram ett formulär på portugisiska med en översättning på svenska.
Carl-Johan skrev under.

En tysk man banade sig fram till skrivbordet mycket upprörd och arg, han drog fram en pistol och hotade att skjuta Carl-Johan. Tysken hade blivit lovad samma kolonilott och han var fast besluten att få den. Han blev övermannad av kommissariens män, som såg ut som en hop banditer. De förde bort mannen och tog av honom den ålderstigna pistolen. Ida-Maria kände sig knäsvag, det här började inte bra. Hon tog barnen med sig och gick till huset i god förvissning om att faran för maken var över för denna gång. Carl-Johan stannade kvar, han fick nödiga papper och instruktionen av tolken.

På första papperet stod det under ett emblem" Estado do Rio Grande do SUL . Colonia Pourto Lusena ".
Med stora bokstäver på nästa rad "TITULO PROVISORIO ".
Sedan kom platsens nummer och area och en massa ord som Carl-Johan inte förstod." E conecedido o upramencionado a Carl-Johan Henriksson nostemos do artigo do Reglemento approvado por Decreto n. 3134 de Fevereiro de 1910 "
På nästa rad stod det med små bokstäver "Commissas de Colonisao "och sedan år och dag och underskrivet med en oläslig handskrift "O Chefe da Comissao."

Carl-Johan fick även en översättning på svenska. Detta var bara ett provisorisk
äganderätts bevis på jorden .Vilket var en stor besvikelse.
Han tilldelades pengar, till jorden 250 milireis .
Till husbygge om 6m långt 4 m bredd 250milires.
Till verktyg 30 milireis och utsäde 20 milireis, det fick han som startbidrag.
Till vägbygge bygge 125 milireis.
Dessa pengar utdelades inte i kontanter utan i checkar så kallade vales. Man lånade till huset och jorden på 5 år, och slapp återbetalning om man efter 2 år gjort en röjning som motsvarade jordens värde. Det man fick var utsäde och verktyg samt en summa att leva på de 6 första månaderna det betalades ut var fjortonde dag med 15 milireis. Huspengarna betalades ut först när huset var färdigbyggt.
Carl-Johan visste att 1 milireis var lika med 2,40 kronor det gick 100 rei på 1 milireis. Den svenska och tolken berättade var han kunde köpa varor. Det fann en svensk handlare som hette Edvin Carlsson som hade utvandrat från Sundsvall under förra strejken i slutet av 1880talet. Carl-Johan fick rekvirera ut en barnkista, den var gratis, man hade även fri sjukvård och medicin i 6 månader. Det fanns en begravnings plats för svenskarna men ingen kyrka.

De andra två familjerna började sin vandring mot sina ut stackade jordlotter de låg nära Carl-Johans jordlott fick han veta av tolken. Kistan bars av Carl-Johan till tvåvånings baracken,hans steg var tunga , kistan var gjord av enkla bräder, det störde hans sinne. Jenny hade plockat röda ängsklockor vid väg renen, hemma i Kiruna fanns de nästan likadana blommor fast de var blå. Rummet i träbaracken var smutsgrått,i hörnen låg det ett lager av rött damm. Försiktigt lade han ner lilla Märta i kistan insvept i sitt klänningstyg, locket spikade han fast sedan tog han kistan i sin famn han höll den hårt mot kroppen hela vägen till kyrkogården. Ida-Maria bar Signe i spånkorgen stegen var tunga som bly allt tycktes overkligt, lilla Märta hade ju gett dom så mycket glädje med sina frågor och snusförnuftiga kommentarer.

Det fanns ingen Kyrka men en svensk kyrkogård inhägnad av ett skrangligt staket, en grav var grävd och Carl-Johan sänkte försiktigt ner kistan. Barnen hade blommor i händerna som de släppte ner på kistan. Så sjöng de alla, den trösterika psalmen blott en dag ett ögonblick i sänder, de tre verserna ljöd sorgset i över den främmande begravnings platsen som omgavs av höga för dem ovanliga träd. Det stod en spade bredvid den röda jordhögen och Carl-Johan fyllde graven med jorden. Varje spad tag kändes som en anklagelse över att han inte kunnat hjälpa det lilla barnet att bli frisk. Gud rår och människan spår tänkte han. Det var väl Guds vilja måtte han beskydda oss alla från flera sorger. Det fanns många gravar med trötta träkors och inristade svenska namn. Han skulle komma tillbaka när tid gavs och sätta ett kors på graven.

Tidigt nästa morgon skulle de börja vandringen till sin jordlott, men först skulle han gå till handlar Carlsson. Ida-Maria och barnen gick till baracken med sorgsna steg i sakta mak. Den natten sov alla djupt av utmattningens sorg, ja nog behövde de sova för att orka med vandringen till sitt nya boställe. Hos handlar Carlsson hade Carl-Johan köpt allehanda saker och mat som de behövde. Han fick lämna den blå stora kistan hos handlaren. Den och övrigt inhandlat skulle han hämta senare.

Färden till jordlotten påbörjades så fort det ljusnat ute, alla fick något att bära. By gatan var tom på folk,bara några höns sprang kors och tvärs i det röda dammet på vägen. Snart kom det till skogen, vägen smalnade av och liknade mer en bredare stig, den var full av märken från häst hovar. Solen höjde sig på himlen och det började bli varmt. Papegojor i olika färger tjattrade och skrek i träden. Ida-Maria var rädd, ormar och vilda djur fanns ju här. Hon visade inte sin rädsla för att inte skrämma upp barnen. Carl-Johan hade en yxa, en flakong kniv och en ålderstigen dubbelpipig pistol. Undrar just vart han fått tag på den. Den såg misstänksamt lik den pistol som han hade blivit hotad med av tysken, men hon brydde sig inte om att fråga. De stannade mitt på stigen och Ida-Maria lagade till mat på den lilla eld som Carl-Johan gjort. Ida-Maria gav Signe av bröstet och hon sög glupskt i sig av mjölken. Vilken tröst att ha så mycket mjölk, det gjorde ingenting att det spände och ibland rann över.

Sent på eftermiddagen kom de fram till en svensk kolonist, som bott på platsen i flera år. Här blev de bjudna på mat och fick sova över. Många goda råd, förmaningar och berättelser om kolonin fick dom med sig på färden. I gryningen påbörjades vandringen. När de gått förbi odlingen började skogen på nytt. I träden fanns det gott om apor, de vrål grymtade när familjen Henriksson passerade längs stigen. Aporna slängde sig från gren till gren, en del var svarta andra bruna. De var väldigt nyfikna och de skrämde upp flockar med gröna papegojor som skriande flaxade vilt omkring träden, i den djungelliknande skogen.

En stor orm for ringlande över stigen och det var med bävan som dom gick förbi det stället. Tre kolonister passerades, det verkade ha bott där länge och de tycktes som om de hade det bra. Solen stekte och det var mödosamt att vandra Signe vrålade högt, Hugo gnällde Emil och Ragnar var trött i benen men det var så mycket nytt som de såg och allt var mycket spännande så de klagade inte. Jenny led håret lockade sig av svett, men hon bet ihop och tänkte bara vi kommer fram någon gång. Rasterna blev fler och fler Carl-Johan manade på dem. Ida-Maria var trött och våndades. Plötsligt såg de folk som höll på att tröska vete med en slaga, inne i en loge liknande byggnad. Familjen som bodde här hette Adolfsson men här stannade man bara en kort stund för att hinna fram till sitt nya hem innan

57

mörkret föll på. Terrängen hade varit backig det gick väl an i de långa utfärds löpor men det var tungt när de lutade uppåt. De hade blivit förskonade från angrepp av vilda djur, det fanns jaguarer i trakten hade man berättat för dem. Det enda djur de såg var ett par vildsvin som sprang över stigen.

Och där i den kuperade terrängen låg deras jordlott, på ett fält växte sockerrör ett annat var igenvuxet av busksly . En bit bort från sockerrörsfältet stod en rund byggnad utan väggar med tak och en stor järngryta hängde från taket. Välkommen hem ,här ska vi leva och bo sa Carl-Johan och släppte ned ryggsäcken på marken. Han högg ner palmblad som han lade på marken som sov underlag. Han gjorde en stor stock eld som flammade och sprakade skönt framför det väglösa huset, alla lade sig ned inlindade i filtar mot natt kylan. Snart sov de tungt. Plötsligt vaknade Carl-Johan med ett ryck han såg något som blänkte på en av stockarna nära elden. Han for upp med flakongen i högsta hugg och då blev han varse att det var Jennys lackskärp och inte en orm. Resten av natten satt han på vakt skrämd till försiktighet och omsorg om familjen.

Ida-Maria lagade mat som de virade in i majsbrödet som Carl-Johan köpt. Kaffe pannan som hängt med ända från Kiruna kokade Ida-Maria vatten i, som hon tog från floden nedanför deras jordlott. Carl-Johan byggde provisoriska väggar som vind skydd och gjorde sov slafar till det runda kokhuset Jenny, Emil och Ragnar utforskade området men drog sig hemåt när de såg flera ormar som skallrade med svansen.

I morgon går jag och hämtar varorna och kistan sa Carl-Johan. Han gav sig av så fort det började ljusna. Väntan på honom blev lång, det kändes otryggt Ida-Maria försökte att inte visa sin oro och rädsla, hon bad en tyst bön. Gode Gud låt det inte hända något, låt min man komma hem till oss oskadd. Fram på kvällen innan mörkret föll kom han roendes på floden. Det var Emil som fick syn på Carl-Johan och sprang honom till mötes. Han hade fått låna en båt av handlaren som hette Edvin Carlsson. Uruguay flodens vattnet var mycket strid strömmande och Carl-Johan fick ro motströms, dessutom fick han ro i land flera gånger för att tömma vatten ur båten, han hade inte haft något öskar. När allt var uppburet och de hade fått i sig lite mat, började han berätta. Alla lyssnade andäktigt och nyfiket och rädslan de burit på när han försvann på stigen utbyttes mot tacksamhet och glädje.

Han hade med sig en stor såg som hade han fått låna av Palo, en Kiruna bo som hade kommit hit före dem. Carl-Johan hade läst brev i Kiruna som Palo skrivit här ifrån. Denne man skulle komma och hjälpa dom att såga bräder till huset. Dagen därpå for Carl-Johan tillbaka med båten Ida-Maria tyckte det kändes kusligt att bli lämnad ensam med barnen, men det här var deras hem nu och ingen återvändo fanns. Frampå kvällen innan mörkret föll kom Carl-Johan traskande, glädjen var stor i familjen när de satte sig runt elden för att få sig lite till livs, det blev svarta bönor med torkat kött .

Medan de väntade på Palos ankomst högg Carl-Johan ned träd. När det var gjort började han med hjälp av familjen ,som han försett med fakonger att hugga ner slyet, där de skulle plantera majs. Här kallades åkern för rossan ,den hade varit uppodlad men nu igenvuxen med ogräs och sly. Jag tror att det kommer att växa bra här bara vi fått ner majskornen i marken ,sa Carl-Johan

Plötsligt skrek Emil till i högan sky "en orm, en orm". Emil sprang uppför kullen till kokhuset Carl-Johan slängde flakongen och rusade efter, Han hann ifatt gossen och rev av honom kläderna. "Var blev du biten? ", ropade Carl-Johan i desperation. Den bet inte mig men jag högg den mitt i tu och jag blev rädd. Carl-Johan beslöt då att de skulle bränna ner slyet. Han gjorde upp eld runt tegen som kallades rossan. När hela rossan var avbränd fanns det mycket förkolnade uppbrända ormar som låg utspridda över allt. Det var nog tur att de inte fortsatte att hugga ner slyet, med tanke på alla ormar som krälat omkring här. Vad hade hänt om någon blivit stungen av dem? Sedan följde ett arbeta med att få bort stubbar och hacka upp rötter. Det var ett hårt arbete och solen var inte nådig med sin hetta. Därför försökte de att arbeta under dagens tidiga timmar, så fort det ljusnade ute och när solen stod som störst över himlavalvet vilade de ut i det vägglösa huset,vars tak gav dem skugga. Carl-Johan hade tillverkat en stör som han gjorde hål i marken med, efter gick Ida-Maria och släppte ner

majs korn i hålen, Jenny föste jord över hålen,hon hade hjälp av pojkarna.
Vete sådden skulle få vänta tills huset var klart.

Nu när majskornen låg i jorden var det dags att bygga en såg ställning
av stockar. Det gick bra med hjälp av Emil. Carl-Johan försökte med
gossarnas hjälp få upp stockar på ställningen, men stockarna var för tunga.
Det var bara att vänta på Palo, under tiden började de att hacka upp Idas-
Marias köksland. Där sådde Ida-Maria sina sparade melon frön , sötpotatis
och bönor fick även plats, jorden var bördig och fet här om man jämför
den med jorden i Ytterbyn, konstaterade hon.

En dag fick de besök av en grannfamilj vid namn Sundkvist. De hade
kommit hit i slutet av år1890 från Sundsvall. Fru Sundkvist och Ida-Maria
fann varandra genast. Det var roligt att få någon att språka med tyckte de
båda. Har ni fått besök av Guarani indianerna? De som finns här i närheten
är snälla men många nya kolonister blir rädda för dem, sa fru Sundkvist.
Familjen bestod av man ,två tonårs pojkar och en fjortonårig flicka vid
namn Elin. Ragnar och Emil var på väg för att gå och fiska och Elin ville
följa med naturligt vis fick hon det.

Hon visade pojkarna var de bästa fiske platserna fanns och vad fiskarna
hette och vilka som gick att äta. Godast är *piavas* en fisk som liknar siken.
Det finns stora fiskar som liknar laxen, de heter dåradåra. Dom kan man ta
med hjälp av bambupinnar som man spetsar till spjut berättade Elin. Hon
pekade ut var det fanns pirayor, där ska ni inte bada för dom kan äta upp er
och så traskade de vidare längs floden. Är det sant frågade Emil? Ja ,dom
kan äta upp en hel människa sa Elin. Fy, så hemskt kontrade en förskräckt
Ragnar.

De kom fram till en gammal brygga gjord av stora stockar, de lade sig
på magen och kikade ner i vattnet . Elin pekade på en abborre liknande fisk
som simmade omkring i det klara vattnet, den har en giftig tagg, akta er så
ni inte trampar på den när ni badar. De tog fram fiske spöna som de gjort av
bambun som växte vid floden, ett snöre blev till lina och fiskekroken
gjordes av säkerhetsnålar som de agnade med fläskbitar. De fick upp en
stor fisk med långa spröt framtill och en hel knippe *piavas*. Glada i hågen
vände de hemåt med fisken. Ragnar studerade fisken med de långa spröten

som satt ovanför fiskmunnen. Lyssna den låter nästan som den spelar på en mungiga med spröten, fisken glänste silver gul och den hade tre rader med gröna fyrkanter längs sidan Är du säker på att den går att äta? Frågade han Elin. Ingen fara den är nästan lika god som piavasfisken ,svarade hon. En dag i skymningen såg Ida-Maria en karl komma gående längs stigen, han var stor och hade kolsvart skägg. Hon förstod att det var Palo. Snabbt kokade hon vatten till yerba mate, som blev klart när Palo kom fram till kokhuset. Yerba växte vilt det var bara att plocka bladen och torka dem. Fru Sundkvist hade berättat att den var en helig buskväxt för indianerna. Historien berättar om en Gudinna som en indian räddat från en Jaguar. Hon gav växten till indianerna av tacksamhet ,de skulle rosta bladen och göra en dryck, då behöv de aldrig gå törstiga eller hungriga .

Tidigt nästa morgon gick männen i släptåg med Emil och Ragnar till skogen. Stora stockar lades i sågställningen Carl-Johan stod överst på ställningen och Palo under, de drog sågen upp och ner det var ett mödosamt arbete. Plötsligt skrek Ragnar till, han hade huggit i ett balsaträd och en grön liten orm trillade ner på hans axel innan den hamnade på marken och försvann. Du hade tur som inte blev biten, det är den giftigaste ormen som finns här, sa Palo. Hela dagen sågade de. Ida-Maria kom med mat, de slutade inte förrän mörkret föll. Palo stannade även nästa dag och de fortsatte att såga. Sedan var han tvungen att gå hem, men lovade att komma tillbaka och hjälpa till att resa hörn stolparna till stugan ,samt få takstolarna på plats.

Carl-Johan bar de uppsågade bräderna till den plats som han sett ut för att bygga stugan på. Platsen låg nära flodstranden och det var bra med tanke på att det inte blev så långt att bära vatten. Bäst som han höll på dök det upp några indianer, de log vänligt och pekade på bräderna. De gick mot floden gestikulerade och kom tillbaka och pekade på en kulle en bit från kokhuset. Då förstod Carl-Johan att floden kunde stiga över sin brädd. Han beslöt att lyda rådet tog en planka och bar den upp på kullen, indianerna följde efter och hjälpte honom att bära plankorna. När allt var uppburet sa en av indianerna något som lät som yoy maraey och pekade på marken.

Ida-Maria kom med yerba mate som de bjöd indianerna på. Hon tyckte det var tråkigt att inte kunna språka med dom, men hon la orden på minnet som indianen sagt. De hade alla samma frisyrer, det såg ut som om dom satt en skål på huvudet och klippt runt sitt svarta hår. Indianerna försvann lika fort som de kommit. Senare fick hon reda på att orden betydde ungefär, den plats där ondskan inte finns.

Ida-Maria började bli less att vara hänvisad till kokhuset och det skulle dröja fyra månader innan de kunde skörda majsen. Dagarna var stekheta och kvällarna svala, mörkret föll snabbt, nog saknade hon snön när det var som hetas på dagen, men hon visade det inte. Det var bara att bita ihop och försöka göra det bästa av sitt öde. Kanske kom det något gott av detta intalade hon sig. Palo kom som lovat var och stugan började att ta form. Snart var hörnstolparna resta och takstolarna på plats. Nu kunde Carl-Johan själv fortsätta bygget av stugan.

Medan de väntat på Palo hade Carl-Johan hjälpt skomakare Wartanen från Kiruna att såga bräder. Han fick en rulle sko tråd för besväret. Han täljde en nätnål åt Ida-Maria. Hon började att knyta fisknät av tråden, under tiden sjöng hon och barnen stämde in. Idas syster var gift med en fiskare och jordbrukare på Storön i Kalix, där hade hon lärt sig att knyta nät. Aldrig trodde hon att hennes öde skulle föra henne så långt hemifrån barndomens trakter. Hon borde skriva till Emma, ett frimärke kostade 100 rei, men det får bli senare fråga. Carl-Johan reste bräder och spikade fast dem. Han hade även tillverkat spån till taket. Han arbetade från tidig morgon till sena kvällen, det var knappt att han gav sig tid att äta. Snart stod stugan färdig i all sin enkla prakt.

Mars månad gjorde sitt intåg temperaturen blev lite behagligare men det var svalt på nätterna . Han avslutade arbetet med en murad en spis mitt i rummet, teglet hade inte räckt till att mura en skorsten, så Carl-Johan hade gjort en lucka i taket precis som i en skogskoja hemma i Sverige. Golvet hade inga bräder, aldrig i sin vildaste fantasi hade Ida-Maria trott att hon skulle bo i ett hus med jordgolv. De hade inte gjort någon dörr ännu men fönster med luckor satt på plats , något fönsterglas fanns inte att få tag i. Ett skynke av säckväv hängde i dörröppningen. Bord pallar och sovbritsar hade Carl-Johan tillverkat av spillbräder. När stugan var färdig började Carl-Johan bygga en forsbåt av samma typ som hans styvfar lärt honom. Styvfadern hade haft ett båtbyggeri vid Torne älven och där hade Carl-Johan fått hjälpa till under uppväxten. Ida-Maria hade släpat med sig en kudde från Kiruna stoppad med renhår,den fick hon offra för Carl-Johan använde renhåret till att dreva båten.

En dag när Ida-Maria och Carl-Johan satt vid bordet och drack mate såg Carl-Johan en kobra,som låg ihop rullad under Ida-Marias stol. "Sitt alldeles stilla res dig inte, det ligger en orm under din stol. "sa han. Ida-Maria blev alldeles kall av skräck. Hon vågade inte röra sig, barnen satt på britsarna alldeles tysta och blixt stilla. Många tankar flög genom hennes huvud gode Gud ha förbarmande och låt ormen försvinna ut, bad hon tyst. Det tycktes ha gått en evighet innan ormen ringlade sig ut genom dörröppningen. Ida-Marias underarmar började att darra okontrollerat, sakta gick skräcken ur kroppen och hon blev sitt glada jag åter. Det dröjde inte länge förrän Carl-Johan hämtade bräder ur den sågade brädhögen, som var kvar efter husbygget. Raskt hade han tillverkar en dörr som hette duga, nu skulle här ingen fler orm ta sig in i stugan.

Mitt på dagen var det fortfarande mycket varmt, därför arbetade familjen under tidiga morgon timmar. Ogräset växte alldeles för snabbt på rossan och i kökslandet. De hackade och hackade, ogräset revs bort det tycktes aldrig ta slut. En dag när Jenny passade på Signe var Ida-Maria i full färd med att hjälpa till med ogräs rensandet, då hackade hon i ett jordgetings bo och sprang skrikande och viftande med armarna mot Carl-Johan. Jord getingar, jordgetingar, skrek hon. Han svarade: " inte behöver man springa och vifta som en tok för lite getingar". Vänta du tänkte Ida-Maria, du ska nog få äta upp det du sa, vänta bara jag ska ge igen. Hon grunnade på hur hon skulle göra. Dagen därpå upptäckte hon ett hål i jorden, när de höll på att hacka bort ogräs på rossan , där fanns säkert getingar. Hon sa, kan vi byta plats Carl-Johan han samtyckte intet ont anande började han hacka i jorden. En svärm av arga getingar flög upp. Carl-Johan sprang och viftade med armarna akta er jord getingar, spring

63

ropade han. Ida-Maria svarade: "Inte behöver man bete sig som ett tok för lite getingar." Han skrattade och sa nu är vi kvitt Ida-Maria.

Majsen växte snabbt ibland fick dom köra bort papegojor som kom i flockar för att kalasa på majsen. Turligt nog var papegojorna lättskrämda. Det fanns olika sorters papegojor, gröna små och stora vackra med rött bröst och blåa vingar, än hade rossan inte haft besök av vildsvinen som härjade i trakten.

När det var som varmast mitt på dagen tänkte hon på Kiruna, när de stod där på stationen i snöglopp med familjerna Brolin, Karlstedt, Rönnkvist, Thorneus, Kokkonen och Wartanen klara för av färd till främmande land. Viss information hade de fått av Palo som kommit hit före dom. Det hjälper inte att grubbla på om de gjort rätt, hitintills hade de fungerat, även om stugan hade jordgolv och den murade spisen rök in ibland. Majsen hade växt sig stor och sockerrörsfältet hade vuxit hög och tät. Ibland kunde man höra skallerormens skallra när de gick förbi odlingen och det gav henne kalla rysningar men man vänjer sig vid allt.

Snart var det dags för skörd, men först skulle grisen slaktas. Den hade de köpt som liten kulting. Ida-Maria var inte främmande för grisslakt,när hon och Carl-Johan var klara med slakten, fick de besök av fru Sundkvist. Hon inspekterade grisen och fann att den var full av trikiner. Ida-Maria blev besviken hon hade glatt sig så att få steka riktiga fläskkotletter. Om ni hade ätit av grisen skulle de ha blivit väldigt sjuka, det enda den duger till är att bli till såpa sa fru Sundkvist. Hon visade hur det gick till och grisen blev kokt till såpa och Ida-Maria var henne evigt tacksam,men nog hade det varit gott med nystekt fläskkotlett.

Under tiden berättade fru Sundkvist för Ida-Maria hur det kom sig att dom hamnat i Brasilien. Hon och hennes man kom hit 1891 från Sundsvall under sågverks strejken. Det första året var bra,utan tjuv och rackarspel allt sköttes bra av en svensk som hette Tuvesson. Han grundade kolonin här i Lusena platsen hette också Guarany,här skulle bara svenskar bo och kolonin blomstrade. Då fanns här en tysk doktor men han blev skjuten av hejdunkar till nuvarande chefen Clarimundo. Den mannen manövrerade bort Tuvesson och då började förfallet. Jag tror det var 1893 som Tuvesson försvann eller senare. Ja, ni känner ju till Clarimundo, han satte sin egen son som läkare en försupen karl, men någon doktor är han inte. Passa er för medicinen som han ger ut. Man blir antingen alldeles tokig eller får ont åt hjärtat och dör knall och fall. Vi blev lovade skolor, sjukhus, vägar och broar men av det blev det intet. Sjukhuset är en skamligt dålig lada, en enögd änka hjälper till som sköterska, därifrån kommer man knappas med livet i behåll.

När vi kom hit var Brasilien ett kungadöme, men så kom revolutionen och det blev otryggt att bo här. Horder av banditer drog fram och stal från oss. Det fanns inte mycket att ta förutom kläder. Clarimundo besökte oss med sina hejdukar till banditer med papper som han ville ha under skrivet, än var den folkräkning en annan gång behövdes våra namn för röster till allmännyttan. Detta utan att våra karlar visste vad de skrev under. En familj vägrade, då slog Crarimundos hejdunkare med sin sabel i bordet och skör i taket med en pistol och sa att dom skulle komma tillbaka. De som skrev under visste inte att de avsagt sitt svenska medborgarskap. Hade man inte betalt sin skuld till staten skulle kolonisten vräkas från sin lott, se upp på vad ni skriver på om någon kommer med ett papper.

Dessutom fick kolonisten inte lämna platsen innan full betalning erlagts. Det fanns några som lyckats betala sin lott. Men för dem som inte lyckats helt stod det klart att de skulle mista sina lotter. Du kan inte tänka dig hur hemskt det var här, några kolonier sattes ut på aktion. Kolonisten hade inte fått skälig betalning för hus, stängsel, vägar och arbetet med att röja marken, som lovat var. De hölls kvar mot sin vilja fick inte lämna platsen och inte fortsätta att arbeta på sin lott. Vi lovades fri hemresa om vi inte lyckades här i landet, men det var bara tomt prat när det kom till kritan. Den 25 augusti 1902 skrev våra karlar till den Svenske Kungen och bad om hjälp. Han vidarebefordrade skrivelsen till den norsk-svenske konsuln i Rio de Janeiro, som på alla vis försökte att hjälpa oss. Men någon hjälp kom aldrig fram till oss. Stod det aldrig i Svenska tidningar ett varningens ord om Brasilien åren 1902 och 03?

Jag är i alla fall glad att ni kom. Det är roligt att ha er så nära oss. Du anar inte så roligt det är att språka med dig Ida-Maria. Nu får vi bara hoppas att vi slipper vandrings myror och gräshoppor som kommer i stora hopar och äter upp allt i sin väg. Ida-Maria kom att tänka på sin mormor som slog ut urin runt huset för att slippa få in myror. Det skulle inte skada att försöka.

Den kvällen blev det ett oherrans oväder åskan gick hårt, jätte blixtrar förgrenade sig i ljusfenomen på himlens gråsvarta valv, regnet öste ner. Det var som om alla himmelens portar öppnat sig åskknallarna dånade olycksbådande. De hade stängt fönsterluckorna och tak luckan. Oron över majsen tog ett ångest fyllt tag i dem. Gode Gud bad Ida-Maria tyst låt inte skörden förstöras för då får vi svälta. Carl-Johan gläntade på dörren och såg hur stora trän hade vräkts omkull, oron över skörden fick honom att blekna under solbrännan. Ovädret höll på hela natten, det blev inte mycket sömn. Barnen var rädda, det blev inte bättre av att de såg oron i föräldrarnas ögon.

Morgonen kom och solen sken. Majsen hade klarat ovädret. Nu var det bäst att börja skörda den, om det bara inte hade varit för skallerormarna som ofta sågs vid utkanten av rossan, rasslande med sina skaller svansar när man kom för nära dem,så hade man inte behövt vara orolig. Man vänjer sig med allt när man måste, det tog några dagar så låg majskolvarna på tork framför huset. När majskolvarna torkat, satt hela familjen och rev bort de torkade papperslika bladen som omgav kolvarna ,sedan var det bara att reva av majskornen som blivit hårda. Men majsen var godas att äta innan de torkade tyckte Ida-Maria och barnen. Nu hade de fyllt flera jutesäckar med de gula kornen och de kände sig rika de hade undgått svältspöket denna gång.

En morgon hörde familjen några som klappade i händerna utanför stugan. Nyfiken öppnade Carl-Johan dörren, där en bit från stugan stod några människor de hade en tupp och två hönor med sig. Carl-Johan förstod inte vad dom sa, han visade in dom i stugan och skickade Emil för att hämta fru Sundkvist. Så mycket förstod Carl-Johan att de kommit med båt från Argentinska sidan, men vad ville dom?

Fru Sundkvist kom och tolkade. Den här familj kom för att hjälpa till med att skörda socker rören och göra socker åt er. Om de delade på sockret så skulle de skörda pressa och koka sockret. Naturligtvis gick Carl-Johan med på detta för han visste inte hur man skulle göra. Dessutom skulle det gå undan och de skulle hinna få allt färdigt innan det blev kallare på nätterna och risk för frost. Dessa människor hade hjälpt den förre ägaren att skörda sockret. De fick flytta in i huset och de berättade mycket om hur man skulle klara sig i skogen och vad man skulle akta sig för fru Sundkvist anlitades flitigt som tolk,

de berättade att en så enkel sak som att ha en lång käpp och slå med den framför sig på marken och buskar, skrämde bort ormar. Man skulle alltid gå i mitten på en stig om det fanns någon. Tuppen och hönorna som de hade med sig var en gåva. På kvällarna sjöng de visor och Ida-Maria svarade med svenska visor och psalmer. Genom att peka och upprepa ord lärde dom familjen en hel del ord sim =ja, N ao = nej, Bom dia = god dag, Boa noite =god natt. Snart kunde de flera ord på saker som fanns runt dem. Den argentinska familjen berättade om giftiga ormar, vandrings spindlar, jaguarer och om allt som det fanns i skogarna. Om pirayor och kajmaner, men det visste Henrikssons redan om.

Socker rören låg snart i knippor Männen hade huggit ned dem med sina fakonger, för att inte bli orm bitna hade det lindat någon sorts skydd på underbenen. Socker rören pressades och saften rann ner i en behållare under pressen. Vätskan tömdes i den stora järngrytan i kokhuset. När grytan blev full kokades saften, för att sedan hällas över i fyrkantiga formar av trä för att kallna och stelna. Det blev ett brunaktigt socker som kallades *vapadora,* de lindades in i majs papper. Barnen följde intresserade hela processen. Gud håller nog ett vaktande öga på barnen tänkte Ida-Maria när hon kokade majs gröt. Barnen sprang omkring barfota och än så länge hade det gått bra. Låter man djuren vara i fred så behöver man inte ängslas tröstade hon sig med för att hålla oron stången.

Carl Johan fick en stor säck med rörsocker och den Argentinska familjen tackade för sig. När de kommit ut en bit på floden vinkade de och sjöng, de verkade mycket glada. Båten försvann uppöver floden och snart syntes den som en liten prick på den Argentinska sidan av Uruguayfloden.

Nu måste de leva av vad jorden gav. Kanske skulle de få lite pengar av överskottet om någon ville betala, oftast blev det bytes handel. Ida-Maria var på väg till rossan, för att hjälpa Carl-Johan att så majsen, men på stigen låg en stor orm den reste sig och stirrade på henne. Vad vill du mig undrade hon? Jag vänder väl om och går hem tänkte hon. Väl hemma väntade hon en stund så ormen kunde försvinna, men den låg kvar. Vid tredje försöket var stigen fri och hon kunde fortsätta till rossan. Varför låg ormen där och stoppade hennes väg? Den var vacker och dess fjäll hade glimmat i solen, ormar brukar inte ligga mitt på stigar. Hon ryste i värmen var det ett bra eller dåligt omen? Människan spår men Gud rår, meningen flög som ett jehu genom hennes tankar. Hon fortsatte att gå efter Carl-Johan och släppte ner några majs korn i varje hål. Solen brände på hennes bara armar och svettdroppar föll från pannan ned på hennes kinder som salta tårar.

Arbetet var tråkigt och enahanda och hon lät tankarna flyga hit och dit. Hon tänkte på sista besöket hos Kokkonen några familjer hade samlas för att läsa ur postillan de flesta var laestadianer. Kvinnornas rädsla över att barnen skulle bli hedningar lyste ur deras ögon och rösterna färgades av fruktan över saknaden av kyrka, skola, vägar och oron över att se hur några familjefäder hamnat i olycka orsakad av den billiga sockerrörs spriten. Dom ojade sig över att de aldrig kunde dricka kallt vatten,att spisarna rök in ,att jordgolvet var en styggelse,rädslan över hedningar och indianer. Hon tänkte då rakt inte sluta umgås med de så kallade hedningarna, som en del fruar bannlyst. Det började att knorra i magen och solen stod i middags tid på himlen. De beslöt att gå hem för att få litet mat i magen.

Jenny hade kokat majsgröt medan hon passat på Signe. Det var konstigt att äta den utan mjölk, men det fanns inte att få, möjligen på andra sidan floden i Argentina. Pojkarna klagade över att det kliade i ögonen deras kinder var röda av feber rosor. Ögonen var helt igen klistrade på morgonen. Ida-Maria kokade vatten, rev remsor från Signes kissklutar som hon för säkerhets skull kokat. Hon tvättade bort varet från gossarnas ögon när vattnet svalnat. Efter tre dagar var gossarna helt friska, fruktan i Ida-Marias bröst smälte och tacksamhetens tanke sändes till Gud fader i himmelen.

Det hade varit nog med dödsfall bland Kirunaborna. -Johan blev förskräckt och sa, inte har du väl fått den av doktorn där. Han är ingen riktig doktor,

68

antingen blir man tokig eller så dör man knall och fall av den medicinen. Fredrik som kände sig bättr En fru skulle ta blomjord från en multnande stock och blev biten av en spindel, hennes liv stod inte att räddas och där blev mannen ensam med en stor barnaskara. Många hade dukat under i klimat feber och dysenteri, många hade fått svårläkta sår efter insekts bett som man inte skött om.

Ida-Maria satt utanför stugan i skymningen och sjöng, på ett av stenblocken nära huset stod en ståtlig råbock, den kom alltid i skymningen när hon sjöng.

Det fanns mycket vildsvinen i området kring kolonin, Carl-Johan hade lyckats byta till sig ett begagnat gevär. Vildsvinen var inte att leka med och de kunde förstöra roccan och allt de plantat, nog behövdes det ett gevär till försvar och för att skrämma iväg dem med. Det hände sig en dag att Ida-Maria satt utanför stugan och repade ärtor, då får hon se Ragnar rusa efter en vildsvinssugga med ungar." Ragnar vänd genast om, spring hit genast",ropade hon med hög orolig stämma. Han lydde för han hörde allvaret i moderns röst. När suggan nått skogsbrynet vände hon om och rusade efter Ragnar. Ärtorna for all värdens väg när Ida-Maria fick tag i Ragnars hand och sprang in i huset och smällde igen dörren. Jag tänkte bara ta en gris unge, sa Ragnar bedrövat. Kära barn dom här grisarna är farliga, de är inte snälla som tama skära grisar,förklarade hon för sin son .

En annan dag när pojkarna satt på den gamla bryggan och Ragnar sjöng för full hals, sov du lilla videung än så är det vinter, fick de syn på en stor båt som kom uppför floden båten var fullastad med folk. De fick syn på gossarna och lade till vid bryggan två familjer klev iland. Det var familjen Landström med barnen John, Albin, Hjalmar, Gustav,Anna och Klara, den andra familjen kände pojkarna inte igen. Fredrik Landström var sjuk han orkade inte gå. Pojkarna sprang hem efter sin far och Fredrik blev buren hem. Ida-Maria kom springande och omfamnade Amelia, tänk att ni hittade oss.

Carl-Johan fick brått att snickra ihop slafar åt Landströms, som fick husrum i stugan. Den andra familjen fick husera i kokhuset. Ragnar tog

Albin i hand och sprang till sockerrörsfältet Hjalmar följde med dem,stolt högg Ragnar varsitt sockerrör åt pojkarna och visade hur man kunde tugga på dem och suga ut den goda söta goda saften. Ida-Maria och Amelia hade mycket att språka om, medan de bäddade ner Fredrik i slafen. Ida-Maria nackade några hönor. De hade förökat sig bra och bönor hade hon gott om, nog skulle det räcka till alla.

Fredrik blev lite bättre han tog fram en medicin flaska som han fått i Guarany. Carl-Johan blev förskräckt och sa, inte har du väl fått den av doktorn där. Han är ingen riktig doktor, antingen blir man tokig eller så dör man knall och fall av den medicinen. Carl Johan berättade om en fru som skulle ta blomjord från en multnande stock och blev biten av en spindel, hennes liv stod inte att räddas och där blev mannen ensam med en stor barnaskara. Många här har dukat under i klimat feber , dysenteri flera har fått svårläkta sår efter insekts bett som man inte skött om.

Fredrik ställde sig i dörröppningen, efter att ha tagit en rejäl klunk ur medicin flaskan. Han tog sig åt bröstet, ögonen tittade upp mot himlen under det att de flackade så bara ögonvitorna syntes, så föll han framåt och livets låga slocknade. Carl-Johan rusade fram och vände på vännen men livet hade flytt, han var alldeles blå om läpparna och hans ansikte var avslappnat precis som om han log. Ida-Maria kramade om Amelia hårt som ropade högt: "Åh Gud Neej. Hon hulkade av gråt och slet sig från Ida-Marias famn och kastade sig ner på marken bredvid sin döde man ,barnen stod stilla, tysta och förskräckta bredvid. Det blev en sorgens dag. Carl-Johan hämtade bräder och spikade ihop en kista. De begravde Landström en bit från rossan nära skogen någon präst stod inte att få, det fanns helt enkelt ingen Carl-Johan läste griftetalet ur psalmboken. Tysta stod alla runt graven men då tog Ida-Maria upp den trösterika psalmen blott en dag ett ögonblick i sänder, alla föll in i sången ,och så slutade den tunga dagen.

Den andra familjen som fått husrum i kokhuset kände dom inte, de kom i alla fall från Malmberget. Mannen Petrus Persson eller hette han Rönnkvist, Ida-Maria kom inte ihåg vilket, en av hans pojkar hade skjutit en liten apa och fadern blev alldeles tokig. Flera män från grannskapet hade kommit och de var tvungna att hålla fast karlen. Man fick binda honom han yrade om Kiruna, männen fraktade honom i båt till Porto Lusena, familjen följde efter. Det sades att han var nervklen innan,hur det gick för familjen fick Ida-Maria inte veta bara att de åkt till Guarany. Det påstods att mannen blivit misshandlad av den så kallade doktorn och dött men ingen visste det med säkerhet.

Amelia var fast besluten att åka till den tilldelade kolonilotten. Carl-Johan följde med dem, för att hjälpa till. Han stannade flera dagar hos dem och byggde en koja med hjälp av pojkarna, innan han rodde hem. Han var djupt bekymrad,det finns ingen möjlighet att de ska klara sig där.

Amelia fick inte änkeunderstöd från fiskalen, trots att hon hade rätt där till, han tyckte att hennes pojkar var stora nog att försörja henne. Han stoppade nog änkestödet i egen ficka. Några dagar senare packade Ida-Maria och Carl-Johan båten med förnödenheter och gav sig iväg till Landströms koloni. Den var belägen i urskogen och att få till odlingar där, skulle bli mycket svårt om ej omöjligt. Amelia insåg att det här inte skulle gå,men de hade i alla fall försökt. Hon bad Carl-Johan om att få skjuts till Porto Lusena. Där kanske det fanns möjligheter att bli hushållerska hos någon änkeman och gossarna kunde kanske få något arbete. Avskedet tog Ida-Maria hårt för Amelia var en mycket god vän.

Maten började att tryta, det hade varit många munnar att mätta, nu fick de leva på den fisk som de fick förutom lite vete och majsmjöl. Till slut hade Ida-Maria bara en fläsksvål några matskedar vetemjöl och maniok rötter kvar. Hon lade svålen i stekpannan, när flottet smält rörde hon i vetemjölet som hon skrapat ihop och slog i vatten. Hon rörde om i brunsåsen, den fick duga till att mosa de nykokta maniok rötterna i. Hur skulle det här sluta ?

Carl-Johan blev tvungen att fara till Guarany för att proviantera. Han blev borta över natten. Den kvällen var det svårt att somna, hon var sjuk av oro bara det inte hänt honom något, han var ju så impulsiv och våghalsig. På eftermiddagen kom han roendes, i båten hade han stuvat i åtta små griskultingar. Han hade handlat torkat kött,svarta bönor ett hårt bröd som kallades för bolacher, mate te, fiskekrokar och fisk rev på krita. Griskultingarna hade han fått i utbyte mot arbete åt en Guarany bo,som inte kunde föda dom. Nu blev det bråttom att göra en gris hage alla hjälptes åt efter förmåga. Han högg ner några unga träd till slanor. Med dem byggde de upp hagen och släppte ut griskultingarna. De skrek förfärligt och rätt som det var hoppade flera av dem över slanorna. Under flykten sprang de kors och tvärs och skrek i högan sky. Det tog flera timmar att fånga in dem i jutesäckar. Carl-Johan fick bygga till hagen på höjden och göra en liten svinstia, för de hade inte råd att mista någon kulting. Vi får föda upp dem på majs, sa han till Ida-Maria. Hon suckade tungt, måtte det gå väl. Det gick inte att spara något slaktat kött om man inte hade mycket salt. Hon såg kultingarna som mat förråd och bytes djur. Nu hade de mat tills skörden bärgats, trött och nöjd med förnyad framtids tro somnade hon gott den natten.

Dagarna gick sin gilla gång Carl-Johan gick varje dag och inspekterade rossan, han tänkte på, att här kunde man få ut två skördar, det var skillnad det mot för i Sverige. Ibland tog han med sig pojkarna, de frågade varje dag om det var dags att skörda. När majskolvarna är goda och saftiga att äta då sätter vi igång med skörden förklarade han för sina raska gossar. En morgon när de satt och drack matete hörde de ett konstigt vinande ljud ute. Fort kom de ut på backen och såg ett svart moln på himlen som närmade sig det var ett moln av gräshoppor. Gräshopporna landade i ena hörnet av rossan hela familjen sprang ut med skynken och kastruller, de skrek och slog med grytlocken. Carl-Johan försökte att sopa undan dem med en sopkvast. Det krasade otäckt under fötterna när de sprang på gräshopporna, som på ett givet tecken lyfte det gigantiska molnet av gräshoppor. Tack gode Gud att de inte åt upp allt, men i ett litet hörn av rossan där var allt grönt borta. Det var ett tungt arbete att skörda majsen och jorden var het. Ida-Maria lindade barnens fötter med tyg remsor så att de kunde hjälpa till. Efter ett mödosamt arbete låg majskolvarna vid stugan, nu skulle de först torka, sedan fick man gnida av majskornen med händerna.

Det regnade mycket en tid och floden började stiga. Under natten hade floden stigit mellan fem till sju meter. Den värsta översvämningen på tjugo år fick dom reda på. Ida-Maria såg ängsligt hur hus och uppsvällda djurkroppar och allehanda bråte flöt förbi i den stora floden. På eftermiddagen var det en brygga med järnbeslag som fångade Carl-Johans intresse han tog båten och försökte bärga bron men strömmen var för strid, så han surrade fast bron på Argentinska sidan. Ida-Maria tyckte att han bar sig åt som en idiot, fara iväg så där tänk om han vält med båten eller fastnat i all bråte som flöt förbi, hon var riktigt arg på honom. Carl-Johan skrattade bara och sa när floden lugnat ner sig är det jag som far över och tar rätt på järnbeslagen. När vattenståndet sjunkit i floden tog han sig över med båten men någon hade hunnit före, av järnbeslagen fanns inget kvar bara en massa bräder. Han suckade, så var det med den saken mycket arbete för ingenting tänkte han. Det var många som byggt sitt hus nära floden, de stod nu utan hem och många hade mist allt och var alldeles utblottade men med livet i behåll. Dom fick ingen hjälp av Clarimundo. Utan landsmännen hjälp hade de svultit ihjäl. Det talades om att en familj fått tillbringa natten i ett högt träd och medan deras hus spolats bort av det stigande vattnet.

Carl-Johan hade träffat en svensk familj när han handlade i Porto Lucena de bodde en bit uppströms och de hade två säckar apelsiner att ge bort, för det var svårt att bevara och synd att låta de bli förstörda. Ragnar och Emil skulle få gå och hämta apelsinerna om de tog med sig en av Vartanens pojkar. Under tiden som Carl-Johan och pojkarna var hos Vartanens höll Ida-Maria och Jenny på att rensa ogräs i kökslandet,sedan skulle det tvätta och städa samtidigt som de skulle se till lilla Signe. Jenny tänkte att nog skulle det vara roligt att följa med pojkarna och hämta apelsiner för då skulle hon få träffa barnen till kolonisten, dom var visst i hennes ålder. Försjunken i sina tankar såg hon sin far och bröder komma tillbaka, med sig hade de en av Vartanens pojkar. Ida-Maria hade gått in med Signe, för att hon skulle få sova en stund. Tankarna på att följa med pojkarna blev alltför frestande för Jenny och när hon hörde sin far beskriva vägen för pojkarna bestämde hon sig för att följa efter. Signe låg ju och sov, tvätten kunde hon ju hjälpa till med när hon kom tillbaka. Så kom det sig att hon sprang i fatt pojkarna stigen var smal på sina ställen var det tvungna att gå på ett led,samtidigt slog de på stig kanten med sina käppar för att skrämma bort eventuella ormar. Lite längre fram passerade de Jakobssons koloni. Stigen förde dem in i den täta djungelskogen som trolsk bredde ut

73

sig på båda sidorna om stigen. De hörde papegojor som skrek ock kacklade och ibland lät de som en människa visslade.

Efter en lång promenad kom de äntligen fram till kolonisten och fick apelsin säckarna. Det fanns ingen tid att bekanta sig med kolonistens barn. Han var mån om att de kom i väg så de inte blev överraskade av mörkret. De tackade artigt för apelsinerna och lovade att hälsa hem till sina föräldrar. Vägen tillbaka var inte heller lätt terrängen var mycket kuperad, det var backe upp och backe ner men det visste dom om. Skogen stod tät, det var rena rama djungeln som stigen slingrade sig i genom. Pojkarna bar säckarna, trötta satte de sig ned för att vila. De skalade varsin apelsin det släckte törsten trots att de var en aning söt sura. Jenny tyckte hon hörde ljud framför dem. Jag tror att vi möter folk på stigen, sa hon och började gå.

Framför henne på stigen ligger en jaguar den stirrar stint på henne. Hjärtat började att dunka hårt i bröstet på henne, de tycks som om hjärtljuden dunkade ut genom öronen. Hon börjar sakta gå mot djuret och stirrar in i dess ögon, hon uppfattar att djuret har små öron, bruna fläckar lyser i den gula pälsen. Indianernas ord dunkar i hennes huvud. Gå sakta stirra in i djurets ögon, skrik när du nästan trampar på dess tassar. Jaguarens ögonen skimrar i gul grönt, hon väjer inte en tum med blicken, alldeles nära djuret vrålar hon av sina lungors fulla kraft:" Kom nu pojkar!" Jaguaren hoppar av stigen med ett vigt språng. Pojkarna hinner ikapp henne. Var det en Jaguar Jenny, frågar de skräckslagna. Men hon svarar inte dem, de går mycket fort bryr sig inte om att slå med käppen, de är rädda. Det prasslar otäckt i skogen bredvid stigen hela vägen till Jakobsson. När de kom fram till familjen Jakobsson kan Jenny inte få fram ett ord hon skakar i hela kroppen. Jakobsson följer barnen hem, han har geväret med sig. Det tog flera dagar innan Jenny kunde tala. Det första hon sa var, förlåt mamma att jag var olydig. Men jag gjorde som indianerna sa att man skulle göra om man råkar på en jaguar. Vet du att det bor en ond ande i jaguaren som man kan skrämma, men man måste stirra den i ögonen innan man skriker och man måste gå sakta emot den. Jag höll på att trampa den på tassarna och då skrek jag allt vad jag kunde och då försvann den in i skogen med ett hopp, fortsatte Jenny väldigt forcerat.

74

Carl-Johan tog kontakt med flera av kolonist grannarna och de beslöt att bygga en fälla för att fånga jaguaren. Det var inte roligt att ha den strykande så nära hemmen. Fällan byggdes av långa slanor, den liknade en bur med ett avskilt rum för betet som blev en hund. De hörde hur hunden ylade om kvällarna. Den tredje natten fick de höra hur hunden ylade något så förskräckligt. Tyvärr hade jaguaren kommit åt att riva hunden, man fick avliva den med ett nådaskott. Jaguaren föll inte av gevärsskotten man fick inte död på den. Karlarna beslöt att göra ett hål i taket och försöka få en snara om djurets hals och strypa den. Detta lyckades och man styckade jaguaren, var och en fick ett köttstycke. Den dagen var det fest hos Henrikssons. Ida-Maria gjorde köttbullar och kokade potatis som inte hade blivit angripet av skadeinsekter. Det smackade ljuvligt gott nästan som i Kiruna, här var det annars bönor, majs, saltat fläsk, fisk och höns som ingick i den dagliga spisen. Meloner som Ida-Maria odlat smakade också ljuvligt

Ida-Maria var ensam hemma med Ragnar, Hugos och Signe. Carl-Johan hade låtit Emil följa med till Porto Lucena, eftersom han var äldst av pojkarna. De skulle handla hos Edvin Carlsson han var den ende handlaren som inte lurade Svenskarna. Jenny hade följt med pojkarna Sundkvist på en danstillställning på den Argentinska sidan Ida-Maria och Carl-Johan hade kommit överens om att det kunde göra Jenny gott att umgås med ungdomar i hennes egen ålder. De båda var inte lika strikta som sina læstadianska vänner förresten var Jenny en klok och förståndig ung flicka som man kunde lita på Det började lida mot kväll och Ida-Maria blev orolig, det hade väl inte hänt dem något. Plötsligt tyckte hon höra Carl-Johans röst som sa hå, hå det går bra. Hon skyndade ut ur huset men där var ingen, oron spred sig i hela kroppen på henne. Hjärtat dunkade så hon hörde slagen dåna i öronen. Det dröjde inte länge förrän Carl-Johan och Emil kom. Hon blev mäkta förvånad när hon upptäckte att båda satt på en häst rygg. Hästen var brun och hade en vit bläs i pannan. Har du köpt den? Vart hade du tänkt att hästen ska vara i natt undrade hon? Vi får ta in den i huset men det blir bara i natt! Sedan får du laga till ett skjul åt den blev Ida-Marias bestämda svar. Jenny kom ordentligt hem hon hade haft väldigt roligt och träffat många jämnåriga kamrater, Ida-Maria tänkte inte berätta det för sina læstadianska vänner.

En dag tog Emil geväret, han hade Ragnar i släptåg för nu skulle här fiskas. I vanliga fall la de ut nät eller metade. De hade sett Indianerna spetsa fiskar med bambu spjut, på sina ställen vid den stora floden växte bambun tät. Man kan lika gärna skjuta dom stora fiskarna, dom syntes bra i det klara vattnet tyckte Emil. Han klättrade upp i ett träd och sköt på en stor fisk,och bad Ragnar springa ut i vattnen och ta den i land. Ragnar fick tag i fiskens gäle, då ser Emil att en kajman komma farande mot Ragnar och fisken. Emil gastar för full hals, släpp fisken och spring, en kajman är bakom dig. Ragnar släppte inte fisken han sprang för livet med den stora fisken som släpade i marken. Det var flata stenar vid vattnet så han kunde hålla god fart. Emil sköt mot kajmanen för att hindra den att ta Ragnar och fisken. Skottet träffade kajmanen på nosen den stannade upp och Ragnar fick ett försprång. Nästa skott träffade också kajmanen, men då var Ragnar långt borta från odjuret. När de båda pojkarna kommit hem oskadda sa Emil, du är inte klok varför släppte du inte fisken? Vad skulle jag sagt åt mamma om du blivit kajman mat?

Ida-Maria blev glad över fisken åter igen hade pojkarna haft en skydds ängel vid sin sida,konstaterade hon tacksamt.

Carl-Johan satt och skrev ett brev till Badlun på sågen i Jukkasjärvi som han lovat. Han berättade att han köpt en häst för en billig penning och en gris. De hade höns som la ägg och vattnet kokade av fisk. I skrivandes stund kommer grabben med en fisk så stor att den släpar i marken, allt växer bra, maniokens blast sätter man bara i marken det är Brasiliens motsvarighet till potatis och så började den växa igen, sockerrören likadant. Han berättade vidare att de hade fått en bra första skörd av majs. Han skrev om vad som hänt med Landström. Det blev ett ganska långt brev. Badlun brukade skriva i Norrskens flamma och var den som ivrade för att man skulle emigrera till Brasilien. Det här brevet skulle Carl-Johan aldrig skrivit om han vetat vad som väntade honom i framtiden.

Det hade nu gått mer än ett år, många svenskar hade lämnat Brasilien och flyttat till Argentina,en del hade bara gett upp eller fått skörden uppäten av gräshopporna. Många sökte sig därför till vetefälten i Argentina för att få en inkomst. Det fanns även många som mist allt i den stora översvämningen.

En dag kom Palo med en stads agent från regeringen i Rio Grande du Soul. Denne man inspekterade stugan som Carl-Johan byggt. Han frågade om Carl-Johan kunde åta sig att bygga några liknande hus vid Runkador fallen. Han skulle få bra betalt. Carl-Johan var noga med att få ett skriftligt avtal och han fick ett förskott på 100milirejs. Palo skulle hjälpa till men fick själv göra upp med agenten om sin andel,för Carl-Johan litade inte riktigt fullt ut på Palo. Virke, spik och utmätningar för husen skulle finnas på plats. Innan de for skulle de tillverka takspån som de fick extrabetalt för. Sagt och gjort, så började de tillverka takspån. Det var ett hårt arbeta som tog flera dagar i sträck, ett par extra åror blev också tillverkade,så att de kunde ro uppströms båda två i den strida floden.

En flotte av bamburör och balsaträd stod snart klar och den blev lastade med takspånen. Flotten knöts fast i aktern av forsbåten som var stor och rymlig. Carl-Johan hade skaffat en kanot så pojkarna kunde lägga ut nät medan han var borta. Kanoten kunde vara bra att ha vid huset om floden steg mer nästa gång den svämmade över. Arbetet skulle ta några veckor. Ida-Maria hade gjort i ordning packning med mat för två veckor. Barnen och Ida-Maria stod och såg på när båten for ut på Uruguay floden. Båda männen rodde båten, det verkade gå tungt i det strida vattnet. Ida-Maria suckade tungt om de bara inte behövt pengarna. Det kändes otryggt att bli ensam med barnen så länge. Båten blev mindre och mindre så försvann den bakom flodkröken och barnen slutade att vinka. Pappa kommer väl tillbaka snart undrade Hugo och sög på sockerrörsbiten som han med viss möda brutit loss.

Hon bestämde sig för att tvätta kläder Barnen badade och simmade i floden. Hon satte Signe på strandkanten. Pojkarna hade kommit hem med en korg ägg som de fått i utbyte mot fisk, sedan hoppade de i floden. Hon satte korgen bredvid Signe. Kläderna tog hela hennes uppmärksamhet. Hon tittade ibland på de badande barnen, tänk att de lärt sig simma alldeles själva och de var väl medvetna om farorna. Hugo ropade och viftade med

77

armarna: "Titta på Signe." Där satt hon och sörplade i sig av äggen som hon varsamt haft sönder. Hela klänningen var nedsölad, men Signe var glad. Det fanns bara kvar två hela ägg kvar i korgen. Ja, så var det med det tänkte Ida Maria och drog klänningen av Signe, fort hade Jenny tvättat den ren från allt äggklet. Jenny hjälpte Ida-Maria att bära upp tvätten och hänga den på tork.

Det var inte roligt att vara ensam med barnen utan att veta hur Carl-Johan lyckades där uppe vid Runkador fallen. Hon hade hört att fallen var flera som sträckte sig flera kilometer i en lång arm längs vattnet. Hon var less på jordgolvet och spisen som ofta rökte ner i hela stugan. Hon och barnen rensade ogräs om dagarna, det var ett otacksamt arbete för ogräset växte så det knarkade. Maten började tryta och hon ville inte nacka flera hönor. Vetet som de sått hade tagit sig bra, så varför kände hon sig så rastlös? Hon tog fram postillan läste och fann igen förtröstan. Jenny hade hämtat meloner ur kökslandet,de smakade ljuvligt och var mycket saftiga. De var inte så stora, köttet var orange färgat och barnen lät sig väl smaka.

Efter drygt två veckor kom Carl-Johan hem. Palo fick låna båten för att fara hem till sin familj om två dagar skulle han komma tillbaka. Innan Carl-Johan berättat om husbygget tog han hästen och red till handlar Carlsson för att proviantera. Där fick han höra om vad som tilldragit sig i kolonin.

Det berättades om Anton Styberg en svensk man som begett sig till den så kallade doktorn i tron om att få hjälp, till sin sjuke två årige son. Anton mötte en berusad doktor, sonen till Claremundo de Almedia Santos utnämnd till doktor utan kunskaper i läkar yrket och hans rövarbanditer till poliser,de är råa typer utan skolning. Anton hade fört fram sitt ärende, men den så kallade doktorn hade blivit förbannad ,han och hans poliser band fast barnafadern vid ett träd och började misshandla honom. En annan svensk blev vittne till misshandeln och försökte stoppa den ,men han blev själv misshandlad och fast bunden. Nästa morgon befriades de båda männen, Anton Styberg blev oförmögen att arbeta,säkerligen på flera månader och gossen var död när han kom hem.

Handlar Edvin Carlsson hade visat Carl-Johan vad han var skyldig
honom. Han tog fram en bok där många Svenskar var uppskrivna. Carl-
Johan kunde läsa följande som han tidigare köpt och ej betalat.
Men det han köpt i dag kunde han betala kontant. Snart skulle han kunna betala resten.

Maj 19 Enligt räkning.................15.400
Juli 8 10 ko Vetemjöl.................4.000
        1 " Kaffe....................1.400
        2 " Socker...................1.800.
           Kontant....................10.00
Sept 23 1 kr nätgarn.................3.500
        ½ kr fiskrevar.............2.200
        2 drug Fiskkrokar..........0,800
        1 paket tändstickor.......0.800
        4 m tyg....................4.000
Okt.5 lånat pengar till köpa kanot.20.000
        Toback....................0.500
        ....
        Skyldig ....Summa 64.400

Vid hemkomsten fick han berätta om sin resa bortom Runkadorfallen.
Det var tungt att ro båten trots att vi båda rodde. När vi kom fram började
det skymma vi gjorde upp en stor brasa. Husen som vi skulle bygga var
utstakade med käppar och allt material låg staplade i högar. Vi lade oss vid
elden, då hörde vi ett förfärligt vrål på andra sidan av bäcken Palo sprang
ner till båten vände den upp och ner och kröp in under den,han ropade att
jag skulle komma. Nog är han feg och rädd alltid, jag skrattade åt honom
och kastade en eldbrand över bäcken då blev det tyst, nog kunde det ha
varit en jaguar som tagit ett byte. Vi måste åka tillbaka, det tar nog en vecka
att få allt färdigt.

Palo kom som bestämt var, båten packades med förnödenheter för en
vecka och de båda männen började ro taktfast, nu rörde sig båten snabbare
och snart var dom utom synhåll. Ja ,då blev de ensamma igen. Det blev en
lång vecka fylld med ogräs rensning och oro över att inte veta hur det gick

där uppe vi Runkadorfallen. Pojkarna klagade att det kliade och gjorde ont under fötterna Ida-Maria tittade men såg inget.

När Carl-Johan kom hem tillsammans med Palo hade de stadsagenten med sig. Ida-Maria lagade till kanchika fejioada på bönor och fläsk och bjöd männen på mat. Carl-Johan fick bra betalt för arbetet med riktiga pengar. Här fick man verkligen se upp för det florerade falska gamla sedlar som var värdelösa, agenten berömde Ida-Maria för hennes kokkonst och tackade för sig. Carl-Johan rodde männen tillbaka till Porto Lusena.

När han kom hem hade gossarna fått mer ont i fötterna. Han tittade efter och såg några bulor under tårna på gossarnas fötter. Det var bara att bränna rent kniv bladet och skära upp blåsorna och få bort sandlopps larverna innan de blev större. Men först tvättade Ida-Maria deras fötter. Visst gjorde det ont när kniven skar hål på blåsorna men gossarna kämpade för att inte gråta. Vi borde nog skaffa dom sådana där filttofflor som finns hos handlar Carlsson,konstaterade Carl-Johan och berömde pojkarna för deras mod .

Ida-Maria och Carl-Johan diskuterade om framtiden här på denna plats. Ida-Maria ville att de skulle pröva lyckan i Argentina och få barnen i skola. Carl-Johan ville stanna. Han tyckte att de hade ju tak över huvudet, odlingarna gick bra de hade klarat sig bra under den stora översvämningen. Alltså ligger vår kolonilott på ett bra ställe. Nu visste han hur de skulle göra socker och vetet växer bra, majsen hade de skördat två gånger. Allt i kökslandet växte också bra. Fisk finns det gott om de behöver inte svälta. Vi har en häst en liten gris och hönor och en tupp. Vi har en forsbåt och nät och fiskekrokar. Carl-Johan du ser ju hur det gått för andra, det behövs så litet innan det blir katastrof. Tänk om gräshopporna kommer igen och vi inte får iväg dom. Vi har varit förskonade från vandrings myrorna. Tänk om floden stiger mer nästa gång kontrade Ida-Maria med bestämd het

De som har bott här i tio år har inte lyckats få hit varken skola, vägar eller broar. Tänk om vi blir sjuka det finns ingen riktig doktor. Vi är helt utlämnade åt Clarimundos orättvisa behandling. Han har säkert skott sig på oss svenskar. Hade det inte varit för handlar Carlsson, hade många utblottade efter översvämningen svultit ihjäl, för inte fick dom hjälp av staten. Den hjälpen hamnade nog i Clarimundos och hans fiskalers fickor argumenterade Ida-Maria. Snälla Ida-Maria nog vill jag att barnen ska få möjlighet att gå i skola, jag skulle kunna tänka mig att vara borta i högst fyra år. Men jag vill komma tillbaka hit, fick jag någon att arrendera stället tills vi kommer tillbaka så kunde vi kanske fara iväg. Jag kunde kanske få något arbete och spara pengar för att köpa verktyg spik och sånt vi kan ha nytta av här när vi kommer tillbaka. Det lät som ett halvt löfte tyckte Ida-Maria. Vi har ju pengar nu och då känns det tryggt att fara, vi klarar oss tills du hittat ett arbete,avslutade hon diskussionen med.

En dag kom Fredriksson på besök hans hus hade spolats bort i översvämningen. Han och Carl-Johan pratade länge. Till slut kom de överens om att Fredriksson skulle sköta om kolonin och kom de inte tillbaka inom 5 år skulle stället tillfalla Fredriksson, som var en rejäl arbetsam karl. De skrev papper som undertecknades av båda. Nu Ida-Maria kan vi börja packa men först ska jag sälja hästen. Det sved i Carl-Johan för nu fick han lämna vetet, som snart var färdigt att skörda. Fredriksson lämnade en liten handdriven symaskin av märket Singer som betalning för arrendet. Carl-Johan slaktade den lilla grisen och saltade ner fläsket i en träkagge. Några höns fick följa med som proviant. Majsmjöl, salt, kaffe tändstickor, gevär, patroner, husgeråd, kläder och linne packades ner i den blå kistan. Allt bars till båten Carl Johan stuvade noggrant ner det och surrade fast bagaget ordentligt. De sa adjö till grannarna och nästa morgon klev hela familjen i båten och så bar det av. Drygt två år hade de tillbringat här. Visserligen hade det varit slitsamt men de hade klarat av att leva här och de hade inte svultit,även om det i bland varit knapert med mat.

Argentina

Carl-Johan satt vid årorna, han hade placerat ut familjen på ett bra sätt för att få bästa möjliga bärighet i båten. Uruguay floden var strid det gick lätt att ro, han kände väl till vägen den första sträckan. Mestadels styrde han bara med årorna. På eftermiddagen steg de i land på den argentinska sidan, här kände Carl-Johan en finsk familj hos dem skulle de få nattlogi. Det blev mycket berättande den kvällen. Man tyckte synd om svenskarna som kommit hit efter 1911,för då hade de flesta utstakade kolonilotterna tagit slut. Dessa Kirunabor hade fått vänta på sina jordlotter i flera månader. Deras bistånd från staten hann nästan ta slut innan de kunde börja röja, svedja och plantera. Sedan kom gräshopparna och flod översvämningen som tog allt för de flesta. På andra ställen tog frosten skördarna. Utblottade som dom var fick de ingen hjälp. Därför hade man i Guarany skrivit till ministern för regeringen i Rio Grande do Sol. De sände ut en tjänsteman till Guarany,för att se hur det verkligen var ställt med svenskarna, men han fick bara se en kolonist som bott där i flera år och som inte lidit någon nöd, det såg den där Clarimundo minsann till. Svenskarna som skrivit under brevet blev det synd om. Clarimundo lär ha hämnas gruvligt.

Ja, du Carl-Johan den blodsugaren Clarimundo har mycket på sitt samvete. Nog har han skott sig på invandrarna. Fast man bor här på andra sidan floden får man höra ett och annat från Brasilien.

Kvinnorna och barnen hade stökat bort maten och bäddar hade gjorts i ordning på golvet. Männen fortsatte att språka. Det senaste jag hört tilldrog sig bara för några dagar sedan, sa hans finske vän. Du, Carl-Johan lova mig att du håller dig på argentinska sidan av floden. Det går rykten att Clarimundos hejdunkar skjuter på folk som försöker ta sig till Argentina. I veckan beslag tog kommissarien i Poto Lucena en båt med argentinska fiskare. Fiskarna sändes till Clarimundo i Guarany anklagade för att ha försökt fly till Argentina, då kan man räkna ut hur de går för de stakarna. Båten och fiske näten la kommissarien själv beslag på enligt vad ryktet säger.

Det blev dags för avfärd, ett kraftigt handslag gav Carl-Johan vännen som tack och lovade att följa vännens råd. Barnen och Ida-Maria vinkade åt vännerna när de kom ut på floden. Nu blev floden stridare en fors låg framför dem. Sitt alldeles stilla i båten om Gud vill kommer vi levande ur denna fors, sa Carl-Johan med en kraftfull och bestämd röst. Båten krängde och guppade hit och dit, vattnet stänkte upp på dem. Carl-Johan styrde båten undan uppdykande sten block, han var kritvit i ansiktet av ansträngning. Barnen höll sig krampaktigt fast i relingen och sittbrädan. De såg allvaret i moderns ögon medan båten bröt sig fram i vattenmassorna. Vitskummande vattenkaskader slog mot båtens köl och vatten stänkte ner dom. Vattnet lugnade sig så småningom fast de tyckte att det tog evighet innan forsen tog slut. En sand ö dök upp, men där låg flera kajmaner och solade sig.

Carl-Johan var alldeles slut, all kraft hade runnit ut ur hans muskulösa armar. Det plaskade i vattnet och hela gruppen av kajmaner gav sig av när båten strandade på ön. Han skänkte en tacksamhetens tanke till sin styvfar som lärt honom styra båtar genom Torneälvens forsar, som bleknade i jämförelse med den fors som de nu tagit sig igenom med livet i behåll. Barnen och Ida-Maria andades ut, men blev förskräckta när det såg på fadern. Hade han blivit sjuk? Han var likblek i ansiktet och blicken var tom. Han fick inte dö ifrån dom! Ida-Maria la ut en filt på marken Carl-Johan föll ner på den som en urvriden disktrasa, snart sov han hårt. Oron skar i bröstet på Ida-Maria kanske behövdes det bara mat för att få igen krafterna, för inte kunde han ha blivit sjuk. Sagt och gjort snart stod en måltid färdig. Carl-Johan vaknade och åt med god aptit och hans krafter började återvända. Färden fortsatte och de kom fram till San Javier här gick de i land.

Carl-Johan fick båten såld och de hyrde ett plåtskjul. Det var det enda som fanns att tillgå. Ida-Maria var inte glad. De var flera svenska familjer som hyrt in sig i plåtskjulen här. De väntade på konsulat skjuts. Ska du inte följa med hem till Sverige Henriksson frågade många landsmän.

Vet du att Clarimundo tagit alla båtar i beslag,för att vi inte skall kunna ta oss till Argentina ,han är säkert rädd över att gå miste om betalning från staten som anställt honom, av vårt så kallade understöd har nog mycket gått direkt i hans fickor. Undrar just om vi verkligen fått rätt ersättning av staten. Nej jag tänker absolut inte hem till Sverige, pojkarna skall bara få gå i skola sedan återvänder vi till kolonin,avslutade Carl-Johan samtalet. Ida-Maria fick koka maten ute i det gemensamma uteköket. Här ville hon inte stanna. Carl-Johan hade hört att en svensk ägde en farm utanför staden, dit begav han sig för att få veta mer om landet här och utsikterna att få jobb. Han fick rådet att ta sig till Posadas, där var det lättare att få arbete. Han fick reda på hur man tog sig dit av den svenske farmaren.

Carl-Johan och Ida-Maria visste inte vad som hänt i Guarany Där hade svenska immigranterna samlats och skrivit ett brev till statsminister Staff eftersom de inte fått hjälp av den Brasilianska delstats regeringen i Rio Grande de Sol. Brevet löd sålunda.

Till Stadsminister Karl Staff

Undertecknade svenska emigranter i Brasilien,samlade till möte för att rådgöra om vår belägenhet härställes. Ha enhälligt beslutat att till Eder t vördsamt framkomma med följande skrivelse Som genom fagra löften och falska förspelningar blivit narrade att resa hit,vilja vi härmed hos Eder söka klargöra vår ställning härledes samt vördsamt bedja om Eder hjälp för att kunna återvända till fosterland
Den 9 april lämnade vi fosterlandet för att i Brasilien söka få ett hem,men många af oss ha redan dukat underför sjukdommar,som härjar både bland infödda och imigranter och nästan alla har vi varit sjukaen längre eller kortare tid och därigenom varit urståndsatta att planta något nämnvärt på våra kolonier och vi få följaktligen obetydligt eller intet att lrfva af under kommande året ,utan vi kunna ej inse att vi komma att gå annat än sjukdom,svält och död till mötes,om vi ej erhålla snar hjälp ty hvad frostenej förstört,det har till största delen blivit uppätet av myror maskar,skalbaggar och dylikt. Rågen,hvetet och potatisen är totalt

*misslyckad,likaså alla sorters grönsaker och rotfrukter,så vi har ej annat
än något majs och bönor som ser lofande ut men vi veta att vi har
gräshoppor i grannskapet,som har gjort totalt slut på grödan ,där de draga
fram,och får vi dem hit så bli vi totalt utan årsväxt. Och vilja vi på grund
av anförda vördsamt bedja eder om hjälp att snarast möjligt få återvända
hem,ty många familjer ibland oss lida redan svält och nöd .Vi emotser
otåligt Edert svar och vore vi Eder tacksamma om vi per telegraf få veta
,om vi ha någon hjälp att vänta eller ej.*

  Telegramsvar sändes till: E A Larsson
       Colonia Guarany
       Rio Grande do Sol
        Brasilien

*Guarany den 1 januari 1912
Vördsamt enligt uppdrag:
O.A.Larsson I.O.Olsson*

*K.H Sundström
Kommiterande.*

Gustav Nilsson familj 6 personer			*O Haarpala familj 5 personer*		
W.Jsson Waara	"	5 "	*E Korp*	"	3 "
O.F. Mejer	"	8 "	*E.H.Larsson*	"	7 "
J.F.Hansson	"	3 "	*E.O. Rimpälö*	"	5 "
A.W Hurulehto	"	7 "	*E.Opala*	"	3 "
J.a. Johansson	"	3 "	*Maria Srorm*	"	9 "
P.A Hansson	"	5 "	*P.A.Lanz*	"	3 "
J Persson			*Rickard Norberg*	6	"
Ryttinen	"	7 "	*J.F.Berglund*	"	4 "
J.Emil Eliasson	"	2 "	*N.E Åström*	"	3 "
Karl Forsberg	"	9 "	*O.Marklund*	"	7 "
Agust Forsberg	"	2 "	*P Lindgren*	"	8 "
BernhardLindgren	"	3 "	*P Stål*	"	5 "
Lovisa Lindgren	"	5 "	*L.O.Olsson*	"	4 "

A.F.Bäck	*" 4 "*	*J.Johansson*	*" 1 "*		
A.J.Spjut	*" 2 "*	*Karl Simu*	*" 3 "*		
H Sundström	*" 6 "*	*J.Stjärnström*	*" 2 "*		
K.O.Sortelius	*" 5 "*	*G.A.Häggkvist*	*" 7 "*		
M.Hapala	*" 3 "*	*A.Leinonen*	*" 6 "*		

Personernas egenhändiga namnteckning rätt skrivna betyga
Guarany i januari 1912
KarlO Soortelius   A.Lindg

Carl-Johan visste inte att en attaché vid namn Paulin från legationen i Buenos Aires hade påbörjat en utredning om Svenska emigranternas liv i Brasilien. Carl-Johan hyrde en kavass med kusk som skulle ta dem till järnvägen, efter att ha gjort upp om priset 20 pesos per vuxen, familjen stuvades de in i den segelduks överspända vagnen som drogs av sex mulor.

Färden gick över pampas. De passerade flera farmer med boskap och stora vetefält. Vägen var i dåligt skick kusken fick stanna av och till och röja undan träd som blockerade vägen. Han hade sett flera giftiga ormar kräla längs vägrenen och förbjöd familjen att lämna vagnen. Det hade passerat orterna Santa Maria, Concepcion och vid Apostoles låg järnvägen. De hann fram i tid, och köpte biljetter för 3 peso per vuxen.

Ett svart lok komma stånkande, det spydde ut ånga och bakom loket rasslade vagnar i rad. Konduktören följe Carl-Johan till godsvagnen så han kunde lasta in bagaget, Ida-Maria och barnen satt redan i en vagns kupé när Carl-Johan äntrade vagnen. Sakta stånkade tåget iväg, efter att man fyllt på vatten från ett torn till loket. Ångvisslan tjöt nu var de på väg mot okänt mål. Vad väntade dem i Posadas? Resan med Kavassen hade varit tröttsam. De hade även fått övernatta på vägen, nog kände de sig mörbultade av allt skumpande nu kunde de iallafall pusta ut och ta det lugnt.

De tog in på ett enkelt hotell när de kom fram till Posadas. Barnen lade sig på sängarna och somnade av utmattning trots att det inte var kväll ännu. Carl-Johan gav sig ut i staden för att söka arbete, även här stod lyckan honom bi ,han träffade en landsman av en ren slump. Denne man arbetade på en mekanisk verkstad och visste att där sökte man efter en smed, han följde Carl-Johan dit. Han fick arbetet men det var bara tillfälligt och skulle ta slut efter tio dagar. På arbetsplatsen träffade Carl-Johan en dansk man vid namn Jakobsen, som var på besök hos ägaren till verkstaden. Det visade sig att Jakobsen var chef för en estansia som ägdes av en Otto Wolf i Buenos Aires. Estansian låg i provinsen Santiago del Esterio. De skulle byggas ett vattenverk för att pumpa upp vatten till sädesfälten. Han gav Carl-Johan arbetet på stående fot med att sköta ångmaskinen när vattenverket var färdig byggd.

Dagen efter arbetet var slut på den mekaniska verkstaden skulle en liten ångbåt hämta familjen till en ort som hette Resistencia, där på järnvägsstationen skulle det finnas tåg biljetter åt familjen. Allt klaffade både med ångbåten och tåget Jakobsen hade hållit vad han lovat. Åter igen klev de på ett tåg, detta förde dem genom ett landskap med stora slätter och sädesfält,de såg stora hopar med boskap och män på hästar.

Nu kunde Ida-Maria slappna av och hon började sjunga med en klar och vacker röst. Hon lutade sig mot Carl-Johan och lilla Signe kröp upp i hennes famn och somnade.

Resan tog hela natten på morgonen väcktes dom av konduktören som berättade att snart skulle de kliva av. Tåget stannade bara en kort stund i Matara ,men han hjälpte Carl-Johan att lasta av resgodset sedan vinkade han för avgång.

Familjen stod framför ett litet stations hus, vitrappat med ett förlängt tack som hölls uppe av stolpar. Ragnar såg en stor skylt och han stavade högt D, E, S, V, I, O fem ett.ett. Femhundraelva rättade Emil honom. Carl-Johan fick låna en kärra som de lastade den blå kistan , hand symaskinen och ryggsäcken på . Carl-Johan tog ett stadigt tag om kärrans nötta och långa handtag,Signe lyftes upp på kärran och så bar det i väg mot handelsboden   Vägen till dit var inte svårt att hitta. Där visade Jakobsen stolt sin affär som hans son skötte om. Barnen tittade med stora ögon på allt i affären. Här hängde massor med fotogenlampor, skor, grytor och hinkar i taket. På hyllorna trängdes en mängd varor. Här fanns mat, kläder och verktyg, mm. Carl-Johan följde Jakobsen in på kontoret, vad som där utspelades hade Ida-Maria ingen aning om och kvinnfolk göre sig inte besvär som vanligt, men tids nog skulle hon få reda på det.

Carl-Johan kom ut med ett papper i handen. Matvaror handlades och de skulle få skjuts till Estansian. Vattenverket och ångmaskinen hölls på att byggas av ingenjörer från Rosario, tills den var klar skulle Carl-Johan vara arbetsledare över Ryssarna som tröskade hö på Estansian. En av major Domas män skulle hämta familjen, Domas hade hand om manceros karlarna, i Brasilien kallades sådana för gauchos. Estansian har en stor boskaps hjord hade Jakobsen berättat. Kusken som kom för att hämta dom verkade ha mycket bråttom han sa något som lät som:"majdormus manjama". De kom fram på kvällen kusken visade att de skulle övernatta i ett hölager med tak.

Det här var inte vad Carl-Johan tänkt sig Emil och Ragnar vägrade att sova i höet så de stannade i vagnen, det fanns säkert spindlar och ormar i höet trodde de. Tidigt nästa morgon kom patron major Domas , Carl-Johan hälsade god morgon men fick inget svar av den högdragna sura mannen. Mannen talade tyska vinkade åt dem att komma med. De gck mot en barack. Han visade dem på ett rum i bortre ände av baracken. När Carl-Johan såg rummet sjöd han av ilska och röt åt mannen: "Menar ni att vi ska bo här. Det här går inte jag måste ha tag på Jakobsen." En kvinna kom fram till dem och presenterade sig som Lena Liwa. Hon kunde svenska och tyska och började tolka åt dem. Ida-Maria drog en suck av lättnad ännu en gång hade ödet varit snäll som sänt denna kvinna i deras väg.

Hon berättade att hon och hennes man kom från Portkunda i Estland för tre år sedan och att maken arbetade i förrådet. Patron sa att här ska ni bara bo ett kort tag tills vattenverket är klart. Allt det där har jag fått reda på av Jakobsen, men nu gäller det bostaden. Har ni sett hur det ser ut invändigt sa Carl-Johan. Patron gick in i rummet och medgav att det måste rustas och undrade om Carl-Johan kunde tänka sig att reparera rummet och göra det beboeligt. Carl-Johan fick ta ut allt han behövde hos Liwa i förrådet, golv bräderna skulle han få behålla och ta med till vattenverket. Skönt att slippa tolk tänkte Carl-Johan för Lena hade talat om att hennes man talade finska.

När patron tog med sig Carl-Johan för att hämta häst och vagn smet Ragnar in i rummet. Ut ur rummet kom ett lurvigt svartvitt djur med yvig svans med Ragnar efter sig. Lena ropade förskräckt akta dig det är en skunk, men försent. Djuret stannade lyfte upp bakdelen och en dusch av vätska sprejades på Ragnar. Lena rusade fram och slet kläderna av Ragnar, tog honom i hand och sprang mot vatten dammen. Där hällde hon vatten över honom och tvålade in honom ordentligt, sedan blev han ordentligt sköljd med mera vatten. Kan du se frågade hon? Vilken tur att strålen inte träffade ögonen!

Jag skulle ju bara fånga djuret sa Ragnar. Jenny kom springande med handduk, nya kortbyxor och skjorta. Lena berättade för Ida-Maria om hur svårt det är att få bort den hemska lukten från skunk strålen om man inte genast tvättar bort den från huden. Det hela gick så fort att Ragnar glömde att vara förlägen men efteråt tyckte han att det var mycket pinsamt, bara nu inte Emil skulle reta honom. Carl-Johan kom med häst och vagn fullastad med bräder och verktyg. Snart var skunk episoden glömd Ida-Maria kokade kaffe. Lena hade en pojke som blygt höll sig bakom henne, han drog sin mor i handen och viskade i hennes öra:" Får Ragnar följa mig till bonden med fågeln." Lena frågade Ida-Maria om Ragnar fick följa Enid till en bonde strax utanför estansian som hade en stor tamfågel. Det värmde Ida-Maria att se Ragnars vaknande intresse, han skulle må bra över att inte alltid hänga Emil i hasorna. Så kom det sig att Ragnar fick en god vän.

Carl-Johan rev ut britsarna i rummet la ut presenningen på jordgolvet och gjorde ett golv av bräderna snart hade han spikat ihop nya slafar och brädfodrat ytterväggen som hade stora springor. Om vi skulle be familjen Liwa komma och äta med oss, så ska jag snickra till ett bord och bänkar sa han. Ida-Maria lagade en bön och majsgryta med saltat fläsk i ute köket. Liwas kom med några flaskor vin. Det blev en trevlig fest Ida-Marias dåliga vibrationer löstes upp. Nu hade de fått nya vänner som de kunde prata med och vattenverket skulle snart vara klart.

Carl-Johan tände karbidlampan och familjen gick in i sitt renoverade rum. Det hade gått åt flera bördor med hö för att fylla slafarna. De strödde ut hö på golvbräderna för de skulle Carl-Johan ta med när de flyttade till vattenverket och han var rädd om golv plankorna. Ragnar berättade om äventyret med Enid och den stora tama fågeln som kallades tjonga. När de kom till bondgården höll bondfamiljen på att skörda majs och stora meloner Enid talade med en pojke i våran ålder. Enid hade bröd med sig som han matade fågeln med. När brödet var slut började fågeln att hoppa och flaxa med vingarna. Pappan hette don Pedro och kom med en stor melon. Jag hälsade och sa att jag kom från Sverige. Hela familjen tog rast och don Pedro skar upp melonen alla fick en skiva. Det var den godaste melon som jag ätit mamma. Jag har lärt mig flera ord på spanska Enid pekade på papegojor och sa katinka och han har lärt mig många ord melon heter sandias. Ragnar gäspade stort gned sig i ögonen och kröp ned i slafen. Snart sov alla barnen Carl-Johan släckte lampan Ida-Maria suckade djupt och tänkte det kan inte bli sämre än i Brasilien.

Lena Liwa ordnade så att Ida-Maria fick mjölka kor med henne, på Ida-Marias lott föll tolv mjölkkor och hon fick behålla mjölken från en av korna. Jenny fick arbete som piga i det stora vita huset. Där bodde ägarens föräldrar, de lärde Jenny tyska och hon fick ett eget rum hos dom. När Ragnar och Emil inte behövde passa på Signe och Hugo, strövade de omkring med Edi och Ricardo. Han lärde dem allt som man bör veta för att överleva i vildmarken. Här behövde man aldrig gå hungrig, det fanns många vilda bär och frukter. Han försökte lära dom hur man jagar med boleador, ett kastvapen som har tre blykulor. En kula skulle man hålla i, kulorna var fästade på ett snöre med en röd tofs i mitten. Man kunde kasta långt med den. Mancerosarna hade sådana för att fånga in boskapen, de var skickliga med sina boleadorer, de kunde också göra allehanda konster med dem.

När Ida-Maria kom till rummet efter att ha morgon mjölkat korna var det dags för Carl-Johan att gå till höpressen. Hon hade hunnit koka majsgröt och silat mjölken. Hon tyckte inte om att Ragnar skulle följa med Carl-Johan,men han behövde någon som såg till att åsnan travade runt. Arbete var enformigt åsnan gick runt fastbunden vid en stång, den drog hela maskineriet. En ryss matade på med hö och band ihop det med en järntråd. Ragnar blev trött och då satte han sig på stången och åkte runt, runt varv efter varv.

Nästa morgon när far och son kom till höpressen låg där två ryssar och sov i höet Carl-Johan och Ragnar satte sig ner och väntade men ryssarna visade inget tecken på att börja arbeta. Klockan hade hunnit bli 10, nu går vi hem och äter om patron dyker upp får han komma till mig och förklara vad som gott snett med hö pressningen. Sent på eftermiddagen kom Liwa, han hade fått order från Patron att undersöka varför höpressen stod still. Liwa berättade för Carl-Johan att kl. 6 i morgon bitti kommer fyra man, de ska anmäla sig hos Henriksson. Han skulle få ett papper med männens namn. Patron kunde inte komma själv, för han måste rida ut till mancerosarna för att avstyra ett bråk mellan dem. En del kallar dom för manceros andra för guauchos de sköter om boskapen långt borta från estansian ute på pampas, sa Liwa . Ida-Maria sände en tacksamhetens tanke till Liwa som kunde finska och Lena som kunde svenska. Carl-Johans mamma var finska själv försökte Ida-Maria att lära sig spanska av Lena och pojkarna.

Ragnar var uppe tidigt, nu behövde han inte följa med till arbetet. Han kikade ut genom dörren och såg sin far gå bort på stigen i morgon gryningen. Plötsligt stannade han och gick baklänges. Fort var han hemma, Ida-Maria undrade vad som stod på. En jättestor orm ligger på stigen sa Carl-Johan och tog ner geväret som hängde på väggen. Var är patronerna Ida-Maria frågade han? Hon öppnade den store blå kistan tog fram patronerna medan hon förmanade honom, han var impulsiv,kaxig och orädd vilket inte alltid var så bra. Hanns mor sa medan hon levde, att han inte ville vara knapsu. Ida-Maria visste inte riktigt vad ordet betydde om de var finskt eller från Tornedalen och där ville karlarna inte vara knapsu.

Med snabba steg var han på väg ut ur rummet, efter en stund hördes två kraftiga smällar. Pojkarna blev nyfikna och sprang ut till Carl-Johan som hade skjutit en jätte orm. Nu strömmade en nyfiken folkskara fram,de kom från alla håll och kanter. Emil fick geväret av sin far som bad honom springa hem till mor och berätta vad som hänt. Liwa kom också och sa jag gräver ner ormen,han gav Carl-Johan en lista med männens namn på, som skulle hjälpa till med hö pressningen. När arbetet var slut skulle patron ha tillbaka listan underskriven. Ida-Maria ropade på gossarna sina, att genast komma hem. Det kunde ju vara fler ormar i närheten det visste hon. Gossarna kom och lade sig på slafarna där de somnade och vaknade först när fadern kom hem till frukosten. Han berättade att han tagit alla männen i hand och sagt deras namn och blivit respekterad av dem,nu arbetade de flitigt.

Ida-Maria och Carl-Johan var nyfikna på hur långt man hunnit med vattenverks bygget. Liwa och Lena frågade om familjen ville följa med för att tvätta kläder och samtidigt bada i floden. Det var söndag och Liwa hade fått låna häst och vagn av patron. Ida-Maria var tacksam, nog behövde hon tvätta kläder alltid. Kaffepannan och smörgåsar stod Ida-Maria för och Lena stoppade ned dricka till barnen. Vagnen hade fyra stora trähjul men det fanns gott om plats i den. Först skulle de fara förbi vattenverks bygget för att se hur arbetet framskred. Det dammade om den torra jorden innan de kom ut på Pampas. Himlen var klarblå och vita molnsuddar seglade fram över den. Titta där är ett gariobasträd ropade Emil. Pojkarna kom ofta hem med goda bär som växte i stora klasar i ärtliknande baljor på det trädet. Bären var svarta och mycket goda. Ja, nu fick Ida-Maria se det paraply liknande trädet. Hon undrade hur pojkarna bar sig åt för att nå de stora fruktbaljorna under paraply kronan, de måste vara riktiga klätterapor.

Hon hade slutat att oroa sig över pojkarnas strövtåg Emil hade ofta geväret med sig. Pojkarna kom allt som ofta hem med duvor och fisk som de fångat. Indianpojken Ricardo tog dem med på allehanda strövtåg han hade lärt dom att spetsa bamburör, som de harpunerade fisken med och han kände väl till trakten så de villade inte bort sig .

De kom fram till Vattenverks bygget och möttes av en man, han presenterade sig som Wilhelm Printzen. Han var tysk det var tur att Lena kunde översätta. Han såg framemot att de skulle komma när bygget var klart.

Så gick färden vidare högre upp efter floden, här låg en fin badplats med sand och det fanns ett ställe som lämpade sig för klädtvätt. Ida-Maria, Jenny och Lena tog genast itu med tvätten. De såg hur Männen hoppade i vattnet. Emil försvann under vattnet Ida-Maria blev förskräckt men han kom frustande upp med en näve sand. Han hojtade till: "Det finns guld här". Besvikelsen var stor när han fick reda på att det var kattguld, alltså inget riktigt guld. Solen stod högt på himlen och sanden blev stekhet.

Hugo, Edi och Ragnar fick vänta i vattnet tills Jenny kom med skor. Men då tog Carl-Johan Emil i hand och de rusade upp ur vattnet och skrämde upp en hel flock med gröna papegojor. Fort kom de fram till gräset. Liwa tog fram ett lasso och band det i hästens grimma, han gick ut i vattnet tills hästen började simma. När de kom i land torkade han den torr med hö. Tvätten som hängde på buskar och trädgrenar var nedtagen och torr. De båda familjerna satt i skuggan på en presenning allt var frid och fröjd. Ida-Maria fick stopp på Emil som prompt skulle jaga, det var bara för honom att lägga tillbaka geväret i vagnen.

Liwa såg att det började dra ihop sig till regn alla hoppade upp i vagnen och hästen travade på i ökat tempo mot hemmet. De han hem och fick in tvätten. Liwa for tillbaka med vagnen, när han släppt ut hästen i hagen kom regnet. Det var som himlens alla portar hade öppnat sig, vattnet vräkte ner. Lika fort som regnet kom var det över Liwa var blöt inpå bara kroppen när han kom hem.

Ida-Maria stod vid eldstaden och lagade kasinka , en blandning av svarta bönor krossad majs och saltfläsk. Hon hade varit till handelsboden strax utanför estansian och handlat i veckan. Handelsboden kallades för turken dit vågade hon sig inte ensam så hon tog med sig Ragnar. Nu kunde hon krydda maten med både vitpeppar, kryddpeppar och rödpeppar. Hon hade lånat en mula, Ragnar fick sitta bakom hennes rygg och så bar det av. Det hela kunde ha slutat illa, Ragnar tyckte att mulan gick så sakta. När de red förbi en stor kaktus bröt han en tagg och stack till mulan i baken med den. Mulan skriade och skenade i väg med en väldig fart. Den lugnade ner sig precis när de var framme hos turken. Ida-Maria blev både arg och rädd med en upprörd röst hade hon förmanat Ragnar.

Ja nu stod hon här och rörde i grytan nöjd med dagen och de rentvättade kläderna. Hon minns sin mor. Varje dag under sommaren skulle Ida-Maria som barn hinka upp vatten i en spann för att vattnet skulle värmas i solen. En dag hade hon glömt det i sista minuten hade hon hinkat upp vattnen, det var iskallt. När modern kom från systugan hällde hon vattnet över sig och blev arg. Det blev stryk för Ida-Maria, som lovade sig själv att om hon fick några barn så skulle hon inte ge dem stryk. Det var nära att hon brutit det löftet efter den hisnande färden med mulan. De båda familjerna bänkade sig vid bordet och Liwa öppnade vinflaskorna. Titta där går den där ryssen Vasili, jag är så less på honom han dyker upp överallt där jag är berättade Jenny. Han har en koffert full med rubelsedlar jag har själv sett den, han har visst rånat någon bank i Ryssland, inflikade Liwa. Jag har bett honom fara och flyga jag bryr mig inte ett skvatt om honom fortsatte Jenny, maken till efterhängsen idiot finns inte på denna jord.

Liwa berättade att de skulle fara tillbaka till Estland om någon månad Ida-Maria tyckte att det skulle bli tråkigt hon tänkte på Enid och Ragnar som blivit så goda vänner, de hängde ihop som ler och långhalm. Jag har talat med Jakobsen och patron, ni får flytta in i vårat hus och slipper det där lyhörda rummet. Ja, nog är ni väl trötta på att höra ryssarnas oväsen, sången går väl an, men inte allt skrän och skrål sa Liwa. Det gladde Ida-Maria nog var det lyhört i baracken trots att ryssarna bodde i bortre änden.

Månaderna hade bara rusat i väg och än var vattenverket inte färdigbyggt. Visserligen hade de arbete och uppehälle. En dag dök ryssen Vasili upp och frågade Carl-Johan om han fick gifta sig med Jenny. Jag är rik sa han och visade en väska full med rubel sedlar. Jag vet att hon inte vill ha dig, så det kan du glömma kontrade Carl-Johan på stapplande spanska.

Det var en sorgens dag när de tog avsked av sina Lettiska vänner. Henrikssons flyttade in i stugan, Liwas hade lämnat en stor fin matta på golvet och sina sängar. Den natten sov alla gott efter det att Carl-Johan släckt karbidlampan.

Gossarna gjorde sina strövtåg och lärde känna alla barn som bodde i grannskapet. Mest var de tillsammans med Ricardo. En dag kom de förbi en kitjos familj som bodde utanför estansian. Emil och Ragnar blev genast bekanta med barnen, två av dem var pojkar i samma ålder. Tillsammans gick de ner till floden och badade, efteråt följde de barnen hem. Deras pappa hade just slaktat en get. En stor eld brann mitt på gården. Mamman höll på att rengöra get tarmarna. Hon klämde ut innehållet och gned in tarmarna i salt, sedan la hon tarmarna på en glödbädd. Familjen satt runt i ring och väntade medan mamman grillade tarmarna på den orangeröda glöden,det luktade av stekt kryddat kött. Hon bröt bitar av de grillade tarmarna och gav till barnen. Det såg inget vidare aptitligt ut. Emil viskade: "Smula ned matbiten innanför skjortan håll för handen och låtsas äta". Tur att dom inte förstår svenska tänkte Emil.

När de väl grillade tarmarna var uppätna tog modern fram ett stort fat med frukter och skålar med vatten i. Konstigt att tvätta händerna efter maten tänkte Emil och Ragnar och stoppade en frukt i munnen. Alla började skratta våldsamt. Med munnen full av taggar blev Emil och Ragnar olyckliga, de fick en kopp vatten att skölja ur munnen med och då försvann taggarna. De såg hur de andra sköljde frukten i vattenskålen innan de åt av den, härligt gudomligt söt goda och saftig kaktusfrukten. När de kom hem berättade de för sin mor om äventyret och hon blev inte arg på dem. Lite stolt blev hon allt över att pojkarna varit hänsynsfulla och artiga, nog värmde det modershjärtat.

Emil tog ner geväret från väggen. Ida-Maria sa: "Du ska väl inte gå och jaga?" Emil berättade att han och Ragnar skulle gå och plocka de gudomligt goda kaktusfruktera. När gossarna kom fram till platsen där kaktusen växte ropade Emil:" Akta dig ! Det rör sig i gräset framför oss". Han sköt ett skott mot en förmodad orm. Ragnar hade en lång käpp och lyfte upp en orm. Den levde så Emil sköt på den igen så huvudet flög i bitar. Nu kunde de plocka frukterna i sina stråhattar i lugn och ro. Vi behöver inte oroa dom hemma och säga att jag skjutit en orm tyckte Emil.

Frukterna gjorde succé Ida-Maria gav pojkarna beröm. På kvällen kunde inte Emil hålla sig, far jag har skjutit en orm, sa han med ynklig röst. På morgonen följde CarJohan med gossarna för att gräva ner ormen. När de kom fram fanns där ingen orm Förmodligen har en mungo tagit den eller kanske en rovfågel. Det var bar att traska hem igen. De hade bott en vecka i Liwas hus och ännu var vattenverket inte färdigt man hade fått fel delar till bygget och väntade nya från Rosario. Carl-Johan var inte utan arbete estansians skördetröska hade gått sönder och han erbjöd sig att laga den, vilket gladde patron.

På hemväg från arbetet hörde han Emil ropa hjärtskärande på hjälp. Tre ryssar hade tagit fast Emil, en höll en livrem i handen färdig att slå honom. Carl-Johan skrek åt dom att sluta, just som han kom fram rappade en av ryssarna till Emil med en livrem. Carl-Johan slet livremmen ur ryssens hand och gav honom ett väl riktat knytnävsslag i magen och ett på hakan. Ryssarna var inte helt nyktra men större än Carl-Johan men adrenalinet forsade fram i kroppen och gav honom oanade krafter. Ryssarna droppade vinglande i väg och ropade hotelser på en massa språk. Vänta ni, det här ska patron få ta hand om hojtade Carl-Johan tillbaka. Varför gav dom sig på dig pojk, undrade Carl-Johan. De hotade med stryk om jag inte gick och köpte sprit hos Turken. Patron hade gett turken förbud att sälja sprit åt dem visste Carl-Johan,sådana uslingar ge sig på ett barn så där, tänkte han medan de vandrade hemåt.

Den kvällen låste Carl-Johan dörren och satte den blå kistan framför, fönsterluckorna bommades ingen. Han hade hört av grannarna att de tre suputarna skulle hämnas i natt Ida-Maria såg oroligt på, bara dom där fyllsvinen inte tänder eld på stugan. Var inte orolig jag tänker vara vaken hela natten ifall dom dyker upp. Han hade en kraftig träpåk i beredskap, i värsta fall fanns geväret till gängligt. Klockan ett på natten kom dom och bankade på dörren de svor på allehanda språk. Dörren stod pall och fönsterluckorna likaså, men i ena hörnet av stugan försökte dom lossa bräder. Först blev Ida-Maria rädd och hennes hjärta slog på högvarv, men plötsligt kände hon en otroligt stark ilska stiga upp i kroppen. Hon tog ner geväret från väggen och riktade det mot hörnan. Under tiden hade ryssarna fått bort några plankor och en ryss kröp in, han fick ett slag i huvudet med påken. Med en knuff och spark fick Carl-Johan ut inkräktaren, näste man gjorde ett försök och fick samma behandling, den tredje försökte inte ens, de dröp iväg. Carl-Johan gick ut och spikade fast bräderna. De var alla för uppjagade för att kunna sova, av och till slumrade de in och snart var det morgon. Jakobsen och patron fick reda på vad som tilldragit sig under natten och de tre ryssarna försvann från estansian.

En eftermiddag knackade det på dörren. Ida-Maria öppnade och där står Amelia omgiven av sina barn och en man vid namn Karlsson, äldsta dotterns friare, de tänkte gifta sig fick Ida-Maria veta. Det blev ett glatt återseende. Hur i all världen hittade ni oss undrade Ida-Maria. Vi skulle söka arbete på vetefälten här och stannade i Desvio handlaren där sa att en svensk vid namn Carl-Johan Henriksson arbetade på den här estansian och nu är vi här. Ida-Maria satte igång med att laga mat, det blev en stor böngryta och hela familjen Landström åt med god aptit under glatt samspråk.

De blev inkvarterade i barack rummet som stod tomt. Carl-Johan såg till att de fick arbete med att gräva kanaler till den konstgjorda dammen. Ida-Maria och Amelia hade mycket att språka om. Amelia berättade att hon inte fick änke understöd när de kom till Guarany, Clarimundo tyckte att hennes pojkar var stora nog att försörja henne, den uslingen. Därför hade de sökt sig till Argentinska sidan och arbetat på vetefälten. De hade tänkt , att tjäna ihop lite pengar för att ta sig till Svenska legationen i Buenos Aires.

Ida-Maria visade stolt upp kortbyxorna som hon sytt, de är till indianerna. De liknar gymnastik byxorna som skolbarnen hade i Kiruna på gymnastiken konstaterade Amelia.

Dagarna försvann fort Ida-Maria tyckte det var så skönt att få tala svenska. Nu behövde hon inte fundera över vad orden hette på spanska, ibland var hon tvungen att ta till teckenspråk, när ordförrådet inte räckte till.

Arbetet med kanalerna led mot sitt slut. Söndagen innan familjen Landströms skulle resa följde de med till bad stranden för att tvätta och bada. Carl-Johan hade fått löfte av patronen att låna häst och vagn. Ragnar fick följa med till hagen. Hästen som de fått låna ville inte ta emot grimman, Carl-Johan talade lugnt till den men hästen lade öronen bakåt och backade. Det här var inte bra, Ragnar gick emot hästen med en brödbit och klappade den på flanken Carl-Johan gav honom grimman och nu kunde de sela hästen och leda ut den till vagnen. Ragnar sken av stolthet över faderns beröm och kände sig stor. Carl-Johan strödde alfa på vagnsgolvet. Vid stugan stod alla färdiga, det blev trångt om plats bland tvätt knyten och matkorg och så bar det av mot floden. Kvinnorna och flickorna började

97

genast tvätta. Carl-Johan bredde ut en presenning i skuggan av några träd, sedan blev det full fart ner i vattnet. Ida-Maria och Amelia stekte duvor över elden Jenny tog fram majsbröds kakor ur korgen. Smör hade Ida-Maria kärnat och saltat, var det fest så var det. De vuxna fick vin och barnen mate te. Tvätten hade torkat under tiden och samlades in. Emil och Ragnar tog med sig Hugo och Albin och sprang till gajråbaträdet, de plockade halmhattarna fulla med gajråba bär. När de kom till vagnen blev de omringade av alla som undrade vad som fanns i hattarna.

Först tordes de inte ta av de mörka bären, men när Ida-Maria sagt att de gick att äta och var mycket goda, åt alla med god aptit av de söta bären. Carl-Johan badade hästen och torkade den torr med hjälp av pojkarna, den fick hö och nu litade den på Carl-Johan. Nästa stopp blir vattenverket, få se hur långt de kommit med byggnationen sa Carl-Johan.

Wilhelm Printzen kom dem tillmötes och visade dem runt i det nybyggda vatten- verket. Ingenjören och hans arbetare hade flyttat till El Matara de skulle vänta där tills provkörningen av verket blivit klart. Carl Johan inspekterade bonings huset det behövdes repareras och fönster glas skulle vara bra att få in i fönstergluggarna. Taket var helt i sin ordning, köket var placerat utomhus under ett tak, med en murad spis som såg ut som ett päron.

Pintzen skulle till Jakobsen i El Matara Desvio för att handla. Finns det fönsterglas där undrade Carl–Johan. Wilhelm lovade att ordna glas till fönsterna han trodde inte att Jakobsen hade något emot det. Jag tror att jag följer med dig fortsatte Carl–Johan. Wilhelm satte sig på kuskbocken bredvid Carl-Johan och så bar det av hemåt. Efter att ha lämnat av alla vid stugan, fortsatte de båda männen till El Matara Desvio för att träffa Jakobsen.

Familjen Landström var klara med grävandet av kanaler, arbetet var tungt och hettan var speciellt påfrestande särskilt mitt på dagen. Dåligt betalt var det också. De hade bestämt sig för att ta sig hem till Sverige. Amelia hade tidigare fått reda på att herr handels attachén Paulin hade gjort en utredning om Svenskarnas belägenhet i Brasilien. Svenska staten hade gett konsulatet möjlighet att sända hem Brasilien utvandrarna på statens bekostnad. Ida-Maria var orolig och sa, eftersom ni inte kan spanska så har jag fått hjälp att skriva några rader på spanska. Här står det att ni ska till svenska legationen i Buenos Aires och behöver hjälp för att hitta dit. Hon gav lappen till Amelia som tacksamt tog emot den. Hela Landströms skaran for iväg dan därpå och det blev tomt speciellt för Ida-Maria. Hon försökte övertala Carl-Johan att de också skulle fara hem till Sverige, men det ville han inte alls. Nu hade han ett bra arbete att se framemot, senare kunde de söka sig till någon större stad för att få barnen i skola, inte just nu. Mötet med Amelia hade gett Ida-Maria hemlängtan kanske inte till Kiruna men till Ytterbyn i Kalix.

Det tog tre dagar för Carl-Johan med Wilhelms hjälp att reparera och rusta upp huset. Wilhelm hade kalkat det vitt och målat trästöttorna som höll uppe taket till altanen som löpte längs hela hus längden. Huset bestod av två rum, som nu hade fönster med glas. I bortre delen av huset fanns ett rum med egen ingång där bodde Wilhelm.

Medan Ida-Maria packade deras ägodelar tog Carl-Johan med sig gossarna till El Matara de behövde nya kläder. Han hämtade ut häst och vagn. Men när gossarna klev i vagnen såg han att deras skor var trasiga. De gick inte att komma med trasiga skor som en fattiglapp till handelsboden. De trasiga skorna åkte av och hamnade med ett välriktat kast på stugtrappan. Det var hett den dagen, när gossarna steg ur vagnen brände det under deras fötter. Carl-Johan ville inte höra deras klagan, ni får snart nya skor det är bara att bita ihop. Det var skönt och svalt på affärens golv snart var de brännande fotsulorna ett minne blott. De fick prova ut byxor, skjortor och skor. Nya stråhattar med färgglada band trycktes ner på deras huvuden. Riktigt fina livremmar med metall beslag och spänne lades till högen med kläder. Allt förutom skorna och hattarna slogs in i brunt papper. Carl-Johan hade en lista som Ida-Maria skrivit och han bockade av varorna efter hand som butiksbiträdet plockade fram dem. Han betalade allt och gossarna fick behålla hattarna och skorna på. Det bar av hemåt med lyckliga gossar.

En sista natt i den här bostaden kan man ju stå ut med tänkte Ida-Maria. Hon ville att de skulle vänta tills mjölk pojken kom, innan de gav sig iväg. Kusken som skulle köra vagnen syntes inte till så Carl-Johan tog saken i egna händer. På morgonen hann de lasta alla bräderna från barack rummet och sitt bohag, som inte var särskilt stort,innan mjölk pojken kom med mjölkhämtaren. Så kom de äntligen i väg till Vattenverket för att stanna. Huset var byggt av tegel det sken vitt i solen. Ingenjören och hans manskap hade lämnat kvar flera tältsängar bord och stolar. Allt åkte ut ur stugan, vatten värmdes i kokhuset,och Ida-Maria började skura golv och väggar, hon gnodde det smutsiga golvet med en skurborste sköljde av det med vatten i omgångar. Det märktes tydligt att här har det bara varit karlar som huserat konstaterade hon argt och torkade upp vattnet med en skurtrasa.

När det var klart tog hon och Jenny itu med alla möbler som lämnats kvar i huset. Bord , stolar och sängar som såg ut som hopdragna dragspel hade lämnats kvar. Nu får vi egna sängar och slipper att trängas med andra och få någons surfis i ansiktet, sa Emil skadeglatt. Surfis kan du vara själv, sa Hugo stött. Pojkarna höll elden brinnande under grytan med vatten och de bar in möblerna efter hand som det blivit rengjorda.

Jenny hade slutat som hembiträde hos det gamla och rara paret i det stora vita huset. De hade flyttat till en son i Rosario, de hade bett Jenny att följa med. Men hon avböjde, en riklig lön hade hon fått, de hade betraktat henne som en dotter. Lönen gav hon till sin far men han sa att hon skulle behålla hela lönen själv. Hon hade tyckt om arbetet, dessutom hade de varje dag haft lektioner i tyska med henne. Hon hade lätt för att lära så nu kunde hon tolka det Wilhelm sa på tyska, det underlättade arbetet för Carl-Johan.

Häst och vagnen skulle tillbaka, Jenny fick följa med för att tolka. När de kom till haciendan var ingen hemma. Carl-Johan selade av hästen och släppte ut den i hagen såg till att det fanns vatten i hon. Sedan låste han in seldonen i förrådet och gick till major Domas villa men ingen var hemma. De fick gå med oförrättat ärende nyckeln ville han inte lämna, man vet ju aldrig bäst att ta det säkra före det osäkra tänkte han. Det var bara att promenera hem till vattenverket.

När de kom hem berättade de hur det stod till på haciendan. Kommer patron Domas inte i morgon så kontaktar vi Jakobsen. Wilhelm tyckte det var bäst att göra det genast han bytte kläder och fick nyckeln till förrådet och gav sig iväg.

Domas och kusken hade varit borta i en vecka visade de sig. När Wilhelm kom till huset såg han en vit grann häst stå fastbunden vid trappan till huset, den var alldeles blöt av svett och den hade vitt lödder som rann från munnen. Wilhelm knackade på dörren, ut kom Domas raglande och viftade med handen kom igen i morgon ,sa han. Wilhelm blev arg, jag är ingen spring pojke du får allt komma till mig. Dörren slogs igen med en smäll,den var så kraftig så fönsterrutan i den bastanta dörren skakade olycksbådande. Wilhelm tyckte synd om den vackra vita hästen. Han sadlade av hästen och slängde sadel och seldon på bron, tog hästen i grimman och ledde den till hagen, där torkade han den torr med hö och gav den vatten innan han släppte ut den i hagen. Stackars krake tänkte han. Hur kan man behandla en så vacker och ståtlig häst på detta vis? Wilhelm gick hem han var arg på major Domas ,den högdragna fyllbulten.

Ida-Maria hade lagat mat och bjöd in Wilhelm, han kom med två flaskor vin. Under
middagen berättade han sin historia. Han var född i Düsseldorf hans föräldrar var döda. Han hade två systrar vid namn Annchen och Minntchen och en bror som heter Karl. Annchen bor i Berlin, de andra syskonen har blivit sin hembygd trogen. Wilhelm hade börjat utbilda sig som lokförare då hans föräldrar dog ,därför sökte han värvning i flottan och fick utbildning som maskinist. Efter två år blev han befordrad till tredje maskinist.
Han trivdes inte i flottan och begärde avsked vilket inte beviljades. I Hamburg fick vi order att gå till Buenos Aires, fortsatte Wilhelm sin berättelse. Jag beslöt mig för att rymma från fartyget. Jag gjorde i ordning allt det jag skulle ta med mig på flykten utan att bli avslöjad. När fartyget kom fram till Buenos Aires och blivit förtöjt vid kajen, meddelade fartygs chefen att det gavs två timmars land permission gruppvis.

Maskinavdelningen skulle gå ut som första grupp. Det var tre eldare, en smörjare och jag som först skrev på permissions sedeln, den skulle sedan hämtas hos maskinchefen där vi fick kvittera ut tjugo pesos per man.

Vi fick bråttom i land,smörjaren hade varit i Buenos Aires förut och kunde tala spanska, han visste om ett ställe med musik,dans och uppträdande av konstnärer. Jag frågade honom var postkontoret låg och förklarade att jag tänkte skicka ett rekommenderat brev till mina föräldrar. Han tittade klurigt på mig och sa, på andra gatan till höger ligger en bank och mittemot posten. När eldarna var utom hörhåll viskade han, växla alla dina D.mark till pesos och vänta på mig vid banken, jag tänker också rymma. Jag kommer så fort jag fått in eldarna på krogen. Det tycktes mig som en evighet innan jag såg smörjan komma springande mot banken och han vinkade fast en hästdroska Vi hoppade på den och smörjan sa:"Till stationen". Kusken ville ha betalt i förskott med tre pesos, jag gav honom fem och så bar det av. Vi hoppade av utanför stations huset. Jag frågade hur han kunde veta att jag tänkte rymma. Du har ju inga föräldrar, du sa en gång att dom var döda minns du inte det sa han. Förresten heter jag Otto, om du nu inte kommer i håg det heller. På stationen fick vi reda på att ett tåg skulle avgå om trekvart mot Rosario. Nu hade vi bråttom, det låg en affär som sålde begagnade kläder alldeles bredvid stationen. Där köpte vi oss civila kläder, kavajerna och hattarna tog vi på oss och betalade. Otto frågade gumman som expedierat oss om hon ville ha våra jackor och hon tackade ja.

Småspringande nådde vi fram till stationen och köpte biljetter till Rosairo. Tåget gick så fort vi hade hoppat på det och vi kunde andas ut för ett tag. Vi hade tänkt hoppa av tåget innan Rosario, men det hade blivit ett förskräckligt åskväder ute, regnet stod som spö i backen, vägarna såg ut som lervälling. Därför beslöt vi oss för att vänta och la oss på bänkarna där somnade vi. Konduktören väckte oss strax innan Rosario. Otto gick först av tåget, han skulle vinka om kusten var klar. Jag tyckte det dröjde en evighet innan han vinkade. Vi höll ihop i ett och ett halvt år, sedan fick Otto ett arbete på en maskin verkstad i Posadas. Jag åkte hit och dit och arbetade här och där, jag vågade inte besöka någon stad. Till slut hamnade jag här och fick arbete som smed. Nu har det gått så många år, så jag behöver inte vara rädd längre, avslutade han sin berättelse.

Wilhelm blev en stadig gäst, han och Emil såg till att det alltid fanns färskt viltkött för Jenny och Ida-Maria att laga mat av. Ida-Maria såg hur Wilhelm kastade kärleksfulla blickar på Jenny, det var väl inte precis det hon ville se, men Jenny blommade upp i hans närhet. Visst var han en stilig karl och han verkade arbetsam och ärlig. Det var ingen mening med att ta ut oro och sorger i förskott, allt brukar lösa sig när det kommer till kritan, tänkte hon.

Carl-Johan och Wilhelm hade fullt upp med att stänga alla dammluckor, nästan en hel arbetsdag gick åt. Tidigt nästa morgon gick det till vattenverket för att få upp trycket i ångpannan. De hade blivit lovade att det skulle komma några eldare, men de syntes inte till. Ida-Maria hade kokat kaffe och de båda männen diskuterade hur de skulle göra, Jenny bistod med tolk hjälp. Till slut kom det överens om att starta utan eldare. De gick till vattenverket och tände eld i ångmaskinens pannan, för att få upp trycket. Pannan hade en manometer med ett rött streck, nålen fick inte gå över det strecket. Carl-Johan fick agera eldare tills provkörningen var klar. Chefen för estansian Jakobsen hade kommit med familj för att vara med vid upp starten, likaså ingenjörerna från Rosario. Ida-Maria och barnen var också med, måtte allt gå bra nu tänkte hon och höll Signe och Hugo hårt i handen.

Wilhelm stod vid kranen, Carl-Johan eldade på i ångpannan. Jakobsen gav tecken att Wilhelm skulle starta maskineriet. Ångmaskinen skakade sakta och plötsligt gick den igång fortare och fortare den frustade och skakade. Ut ur ett rör störtade flod vatten,   småkrabbor och småfisk följde med. Kanalerna till vattenanläggningen fylldes med vatten. Starten blev lyckad och nu skulle maskinen pumpa ut vatten dag som natt. Carl-Johan talade med Jakobsen, det behövdes två eldare, för att kunna arbeta i skift. Jakobsen berättade för Wilhelm vad Carl-Johan önskat och Wilhelm instämde. De beslöt, att tillsvidare skulle de avlösa varandra och Emil skulle vara dem behjälplig under dagen, med att såga ved. Emil var inte glad, han hoppades att eldarna skulle dyka upp illa kvickt.

Ida-Maria hade fullt upp med hushålls sysslor. Hon gick och funderade på hur hon kunde känna en sådan enorm ilska, när ryssarna bröt sig in i det förra huset. Hade hon kunnat skjuta dem? Ja, det var som om en stark urkraft av ilska sprutat upp i hennes sinne och exploderat. En sådan ilska hade hon aldrig trott att hon var i stånd till. Kanske var det en överlevnads instinkt eller var det faran för familjens liv som stod på spel? Hon kände hur det spände i brösten och nu visste hon att ett nytt barn växte inne i henne.

Emil blev slutligen befriad från arbetet. Han tog Ragnar med sig för att gå på jakt, han visste var det fanns palomas, de duvorna smakade bra. De gick på stigen vid flodstranden och Emil sköt flera duvor som Ragnar fick bära i ett knippe på ryggen. När de kommit en bit på stigen vänder sig Ragnar om för att kontrollera att Emil är kvar, han brukade smita iväg på egna upptåg och lämna Ragnar. Skräckslagen ser Ragnar hur en jätteorm reser sig mot honom, den stirrar rakt på Ragnar med otäcka ögon. I samma veva skjuter Emil mot ormen. Den skakar till och ramlar nedför flodbrinken med ett plask hamnade den i floden. Där den piskar och snurrar runt i vattnet så det skummar, efter en stund blir det tyst och stilla. På marken ligger det fullt med platta hagel och otroligt nog hade inte ett enda hagel träffat Ragnar.

Några dagar senare får Emil syn på en stor orm som liknar den han sköt på. Emil såg ormen komma ringlande mot sig och skrek av rädsla en orm,en orm. Wilhelm höll till i smedjan, han kom utrusande med en lång smedtång. Med den fick han ett rejält tag om ormens huvud. Wilhelm flög som en vante då ormen slog vilt med kroppen, slutligen krossades ormens huvud. Wilhelm flådde ormen och spikade upp ormskinnet på en vägg. Han trodde att ormens maka eller make spårat upp pojkarna. Kanske dog den inte och det var samma orm som kom för att hämnas. Ragnar trodde inte det var samma orm, för ormen han skräckslagen hade tittat i ögonen, var säkerligen en ovanligt stor glasögon orm. Wilhelm studerade det uppspikade ormskinnen och konstaterade att det inte var en kobra, den hade inte det typiska glasögon märket.

Dagarna rann i väg Ida-Maria tänkte på hur skönt det var att inte behöva oroa sig för att skörden skulle misslyckas, tur att de lämnade Brasilien, men det fanns ingen skola här heller. Pojkarna var ute på sina strövtåg de skulle ha varit hemma för länge sedan, maten var färdig. Inte kunde hon skicka Jenny och leta efter dem. Wilhelm och Jenny hade rest till Buenos Aires för att gifta sig. Hon hade nog förstått att det skulle bli ett par av dem, de skulle bli borta i en vecka. Själv hade hon gift sig tidigt, hon var så nyfiken på hur det gick till med det sexuella. Nog kunde hon ha fått det bättre kanske om hon inte haft så bråttom, men Carl-Johan var en arbetsam och nykter man,som behandlade henne väl. Hon hade sett hur andra äkta men börjat supa av den billiga sockerrörsspriten, medan andra bildat en nykterhets loge i Brasilien. Hon undrade om Amelia hade tagit sig hem till Sverige, hon satte sig ner och stoppade tobaken i pipan tände på och sög, röken bolmade ur munnen när hon tog bort pipan.

Pojkarna dök upp smutsiga om knän och armar. De berättade med andan i halsen vad de varit med om. Patron hade kommit ridande på sin vita häst och stoppat dem. Under hot om stryk hade han beordrat dom att rensa ogräs ute på fältet. En ryss skulle hålla uppsikt över dom, en pesos om dagen skulle lönen bli. Det hjälpte inte att dom inte ville, under hot om stryk började de rensa ogräs. De var rädda för ormar och stampade på marken så ofta de kunde för att inte överraskas av någon. Tysta var de så att de kunde höra ifall någon orm skallrade med svans tippen. Snart lade sig ryssen i dikesskuggan och somnade, när han snarkade som värst sprang pojkarna hem. De talade inte om att de tog Ryssens vattenmelon som de åt upp innan de kom hem.

Carl-Johan höll på att gå i taket av ilska när han hörde pojkarnas berättelse. Vänta bara tills jag får tag på Jakobsen, så här får patron inte behandla mina barn. Carl-Johan gick raka vägen till patron och skällde ut honom efter noter. Carl-Johan sa att nu går jag hem och packar arbetet är slut här för min del. Senare på dagen dök Jakobsen upp det lyckades honom att övertala Carl-Johan att stanna. Major Domas kommer att få avsked detta var droppen på allt som den karlen ställt till med.

Det var mycket varmt och torkan slog till, floden torrlades det var bara vatten höljer här och där likt minisjöar på flodbotten,med fiskar som plaskade runt i gyttjepölarna. Jakobsen kom och ville att vattenrören i vattenverket skulle bytas ut mot rör av grövre dimension. Carl-Johan och Wilhelm började att byta ut rören, men ett av rören slant och klippte av högra stortån på Wilhelm. Jenny blev alldeles förskräckt när hon såg blodet forsa fram ur foten, Wilhelm som tydligen inte tålde att se blod var alldeles likblek där han hoppade fram på ett ben. Ida-Maria rev linnetrasor och tvättade rent såret där ben flisor stack fram, trots att hon lindade hela foten fick hon inte stopp på blodflödet . Wilhelm fick fara till San Cristobal som var närmaste stad där det fanns en läkare. Wilhelm blev borta i tre dagar.

Tiden var inne för Ida-Maria att föda, floden hade stigit av allt regnande, naturen grönskade. Blommor slog ut, allt damm hade lagt sig allt verkade renare och färgerna klarare. Kaktusarna hade vackra stora blommor i rött ,vitt och gula nyanser. Det var som om livet återvände i naturen efter torkan. Jenny hade flyttat in hos Wilhelm men hon hjälpte sin mor med hushållet och matlagningen. Ida-Maria var nu 40 år och hon skulle föda ett barn med hjälp av en indian kvinna. Måtte allt gå väl tänkte hon. Hon kände hur pinvärkarna skar i kroppen och snart kände hon hur krystvärkarna slog till. Indian kvinnan som Ida-Maria i inte kom ihåg namnet på tog emot barnet, ett fint gossebarn. Efterbörden ploppade ut och indiankvinnan skar av navelsträngen, efter att ha knutit om den nära barnet, gossen la hon på Idas mage, han skrek och munnen gjorde sugrörelser. Är du hungrig redan tänkte Ida-Maria. Indiankvinnan tog efterbörden i ett emaljerat hand fat med blå kant och bar ut det. Hon bad Carl-Johan att noggrant gräva ner efterbörden långt från huset. Han tyckte att den liknade en gris lever, det äcklade honom men han gjorde som hon sa. När hon kom tillbaka till Ida-Maria och gossen, masserade hon Ida-Marias mage och sa:" Det är bra jag tror att livmodern drar ihop sig". Sedan lämnade hon mor och barn.

Carl-Johan och barnen kom in och beundrade den lille. Jenny lade honom i en vagga som Carl-Johan snickrat. Ida-Maria somnade av utmattning och alla tassade ut ur rummet. Efter någon timma vaknade Ida-

Maria och lade den lille till bröstet då upptäckte hon små röda prickar på gossen. Hon såg hur prickarna blev större och efter några timmar var den lilla kroppen full av blåsor. En kall känsla kramade hennes hjärta och en oro spred sig som en tyngd över henne. Han sög kraftigt av brösten som om han ville få kraft att klara av blåsorna, som blev allt större. Efter ett par dagar blev han sämre och orkade knappt suga. Hon försökte ge honom bröst mjölken med sked. Efter fyra dagar blev han blåaktig och gav upp andan. Hon var förtvivlad, skulle gossen förenas med de fem barn som döden tagit ifrån henne. Vad var det för Gud som prövade henne så?

Carl-Johan hade gjort en liten träkista som de lade gossen i. Här fanns ingen kyrka så de begravde gossen på en liten äng bakom huset, ängen var full av purkande blommor. Ett träkors sattes på graven. Jenny sjöng tryggare kan ingen vara än Guds lilla barna skara Carl-Johan och pojkarna föll in i psalmen, Ida-Maria fick inte fram ett ljud. Dagarna gick med vardagliga sysslor ett svårmod föll över Ida-Maria hon längtade till sitt fosterland. Vad gjorde de här egentligen pojkarna hade ingen skola att gå i, vad skulle det bli av dem? Hon visste varken ut eller in, inte ville hon lämna Jenny heller.

Carl-Johan tog med sig familjen på fest i grannbyn El Mataria. Där var det mycket folk samlade i sina bästa kläder. Från dansbanan hördes en vemodig och smäktande folkmusik med gitarrer och trummor. De dansande paren knäppte med fingrarna och stampade med fötterna publiken sprutade vatten och parfym över dem. Eldar brann, där grillade man kött. Mancheros hade uppvisning med sina boleadoros som de svängde och gjorde allehanda konster med. Dragkamp mellan två lag var i full gång, man använde inte rep utan man höll varandra i midjan och drog.

Det förekom även skrän och skrål från överförfriskade personer. Bredvid familjen upptäckte Carl-Johan två mancheros från estansian i fullt bråk med varandra. Konstigt dom där är ju kompisar, då såg han hur den ene drog kniv. Ida-Maria försökte hindra Carl-Johan att lägga sig i. Hon blev kall och arg av skräck när hon såg hur han gick mot männen. Han sa något och männen såg paffa ut och slutade slåss, de gick arm i arm därifrån om än något vingligt. Den ene var änkeman och hade en tretton årig flicka hemma

107

på estansian. Han red ofta förbi vattenverket på sin väg mot pampas och arbetet med boskapen. Han hade ett svart långt skägg och en svart hatt med brett brätte som tronade på huvudet, om halsen hade han en halsduk som såg ut som en snusnäsduk. En vävd ylleponcho låg över axlarna skjortan var randig ,det såg man för ärmarna stack ut under ponchon. Han hade vida byxor som var vävda med en bård nedtill i glada färger och hans livrem hade runda metall pengar, i den hängde en stor kniv, Han hade mjuka svarta läderstövlar som knappt syntes under de vida byxorna och han höll ofta en boleador i handen.

Ida-Maria drog en suck av lättnad ,men hon var fortfarande arg på sin make. Hur kunde han sätta familjen på spel? Han var iallafall snäll som tog dom hit för att muntra upp dom? Tänk om någon av männen blivit arga på honom och stuckit ner honom. Varför var han alltid så impulsiv? Kanske var det finnblodet som svallade i hans ådror ,hon suckade tungt och lyssnade på musiken som flödade från dansbanan, den var både sorgesam och eldig på samma gång.

Vattenverket var klart och allt fungerade. Därmed var Carl-Johans arbete färdigt. Han skulle få stanna kvar om han ville. Ida-Maria hade inget emot att flytta, tänk om de skulle hitta en plats, där det fanns en skola och arbete. Hitintills hade det ju gått bra att få arbete och nu kunde de ju iallafall något hjälpligt tala spanska. Mest av allt önskade hon sig bort härifrån, det berodde nog på att att det var här som hon mist gossebarnet. Det hade tagit henne mycket hårdare än hon medgivit för sig själv, andra stunder ville hon bli kvar, det var trots allt bättre här än i Brasilien framför allt tryggare. Det fanns ett aber hon ville inte lämna Jenny. Carl-Johan och hon diskuterade och diskuterade fram och tillbaka, dom hade ju kommit hit för att barnen skulle få gå i skola. Det avgjorde slutligen saken och hon började att packa den blå kistan. Jenny och Wilhelm skulle överta bostaden.

Resan från Vattenverket.

Avskedets stund var inne Jenny torkade sina tårar, var inte ängsliga jag har ju Wilhelm skriv så fort ni kommit fram. De tog tåget från Desvio och hamnade i Parana. Där tog de in på ett hotell och Carl-Johan begav sig åstad för att söka arbete. Det fanns en skola för pojkarna, så långt så bra. Han kom tillbaka moloken och trött något arbete stod inte att få. Han fick arbete tillfälligt på en båt, som eldare mot att familjen fick följa med gratis till Rosario. Här tog de in på ett enkelt hotell och pengarna började tryta något arbete fanns inte att uppbringa.

Carl-Johan hade träffat några andra svenskar i samma ärende, de talade om att man på svenska konsulatet i Buenos Aires kunde söka och få fribiljett till Sverige. Han började spekulera hur det skulle vara att återvända till fosterlandet för Ida-Marias skull. Men så var det ju det här med Jenny ,han ville inte lämna henne åt sitt öde. Kanske fanns det bättre utsikter att få arbete i Buenos Aires. Hur skulle de kunna ta sig till dit ,nu när pengarna började ta slut. Rätt som det var hittade de inte Signe Ida-Maria och pojkarna sökte henne över allt. Ida-Maria fick syn på henne utanför hotellet hon satt och lekte med stenar på spårvagns spåret. Hon kom inte när Ida-Maria ropade, hjärtat slog hårt i Ida-Maria när hon sprang allt vad hon förmådde och ryckte till sig Signe just som spårvagnen kom. Tack gode Gud att jag fick tag på henne i tid, tänkte Ida-Maria. Hade lyckan vänt för dem eller hade ödet något annat i beredskap för dem.

Carl-Johan blev varnad av några svenskar för att ta arbete på järnvägs byggen. Det var dåligt betalt och man kunde inte försörja en familj på den lönen, dessutom blev de flesta sjuka i dysenteri, några hade fått gulafebern. Det dog en svensk som hette Persson här för en tid sedan i dysenteri frun och barnen for till Buenos Aires, frun fick lämna ett flickebarn på sjukhuset. Själv fick hon och de andra barnen fribiljett till Sverige. Det ryktas att flickebarnet redan blivit frisk från dysenteri och fått resa hem till Sverige, hon heter visst Gerda. De kom från samma plats som ni i Brasilien, sa männen. Carl-Johan kände inte till dom, de kom nog inte från Kiruna. Männen visste att två andra fruar med barn blivit hjälpta till konsulatet i Buenos Aires. De hade inte hört från sina män som sökt sig till ett järnvägsbygge, fruarna var helt utblottade. När Carl-Johan kom uppgiven till hotellet efter sin arbetssökande runda hade han mycket att berätta för Ida-Maria.

På hotellet fanns en svensk som berättade om familjen Rönnkvist från Kiruna mannen och hustrun dött i Brasilien,och lämnat tre barn ensamna. En flicka på 20 år,en pojke 17 år och en tös på 12 år. Ida-Maria undrade om det var den frun som blev biten av en spindel när hon skulle ta mull från ett ruttet träd till blomjord. De flesta dog emellertid i dysenteri illa skötta i den smutsiga sjuk baracken i Porto Lusena.

Paulin från legationen i Buenos Aires , har gjort en diger undersökning och kartläggning över Brasilien Svenskarna på svenska regeringens anmodan. Han har ordnat en hembiträdes plats för den äldsta flickan Rönnkvist hos en svensk familj i Buenos Aires,och pojken fick arbete på en fabrik. Den tolvåriga flickan fick stanna i Guarany hos en familj tills systern kan ta hand om henne. Paulin hade fult sjå att få Clarimundo att låta svenskarna resa från Brasilien. Paulin hade stor hjälp av handlar Carlsson och en handlare i SanJavier. Det är många svenskar som undgått svältdöden i Brasilien som har den mannen att tacka för att åter fått trampa på svensk jord avslutade mannen sin berättelse.

Utanför hotellet hörde Carl-Johan att två män diskutera på svenska. Han sprang i kapp dom, de presenterade sig som Hugo och Hjalmar Johansson båda hade familj. De var på väg till polisstationen för att anmäla sig, och få gratis resa till Buenos Aires , för här fanns inte några utsikter till att få arbete. Lyckades man få något så var det uselt betalt,när man inte kan språket blir man säkert lurad konstaterade dom.

När Ida-Maria hört sin man berätta om vad han fått reda på fick hon något fjärran i blicken, kanske kunde hon övertala Carl-Johan att de skull resa hem till Sverige. Han hade svårt att medge att det var fel att resa från Vattenverket utan ha tagit reda på fakta. De kunde inte stanna här och inte åka tillbaka för när hotellräkningen var betald stod de utan pengar. Ida-Maria argumenterade för att de skulle försöka ta sig till Buenos Aries och resa hem till Sverige, nu var goda råd dyra insåg de.

Nästa morgon travade hela familjen Henriksson iväg med polisstationen som mål. Bagaget hade de lämnat i förvar på hotellet för att hämta det senare. Nu fick de verkligen bruk för spanskan, de frågade förbipasserande människor om vägen annars hade det varit svårt att hitta rätt. De kändes inte alls bra att vara utan kontanta medel ,men här gällde det att svälja stoltheten och be om hjälp De fick en rekvisition på tågbiljetter för att ta sig till Buenos Aires och anmäla sig på Svenska konsulatet , av polismyndigheten men visst kändes det snöpligt att tigga om hjälp. Hungern skrek i deras magar,det var då Ida-Maria kom på vi en vigselring ,vi kan ju alltid köpa en ny. Nöden har ingen lag de hittade ingen pantbank, men en juveleraraffär. En man i kostym granskade ringen noggrant och gav dom ett pris,det var lägre än de hoppats på men Carl-Johan tittade sorgset på Ida-Maria och samtyckte. Nu kunde de få i sig mat och en hästdroska till stationen,kanske fanns det större möjligheter till arbete i Buenos Aires, de kunde ju be konsulatet om hjälp att hitta ett . Nu var frågan skulle de få åka hem eller fanns där arbete som de kunde leva av ? De hade fått tåg biljetter till Buenos Aires, när de visade rekvisitionen från Polismyndigheten. Konduktören kände igen familjen och sa, här är familjen som reser och reser, kommer ni aldrig fram? På tåget träffade det en svensk familj från Guarany mannen visade Carl-Johan en avskrift av ett brev till statsminister Staaf i Sverige och en kopia till Nationalföreningen mot emigrationen som man skrivit den första januari 1912.

Från stationen tog de en hästdroska till Svenska konsulatet. Det var liv och rörelse på gatorna. Den här staden var stor, de for förbi många mäktiga byggnader, barnen var häpna och tittade med uppspärrade ögon på trafiken. Här borde det finnas arbete, i Rosario hade de frågat efter hans yrke och han sa smed. Han visste inte vad eldare och maskinist hette. visserligen hade han arbetat som smed med Wilhelm så helt osant var det inte. De kom fram till konsulatet som låg undanskymt vid en lugn gata. De fick vänta i en stor hall så småningom kom en man och Carl-Johan om än motvilligt räckte över papperet som han fått av polismyndigheten. Han fick besked att bege sig till frälsningsarméns gästhem, konsulatet stod för kost och logi,det kändes inte bra, stoltheten hade åter fått en knäck.

Det skulle komma en sekreterare till Frälsningsarmén och ta upp ansökan om fri transport hem, sedan fick de vänta där på besked. På Frälsningsarméns gästhem träffade de på andra svenskar i samma ärende. De berättade att få ett arbete här var i stort sett omöjligt . Efter middagen samlades man och utbytte erfarenheter och annat skvaller. Av en anställd svensk frälsningssoldat fick de höra berättelsen om när de första svenskarna från Brasilien kom. Han hade i sin tur hört det från en av personalen vid legationen.

Det kom tre fullastade hästdroskor men människor från Brasilien, de var de som drabbats hårdast av översvämningen och mist allt. Friherre Löven höll på att få spader när han såg dom komma, han väntade ministern från RioGrande du Sol i Brasilien på stor gala middag. Skyndsamt visade

111

han den kuriosa karavanen till baksidan av konsulatet rädd för att de skulle bli folkstockning av nyfikna människor. Han beskrev människorna i vagnarna som smutsiga trashankar, ovårdade men trasiga tygskor där tårna stack ut och med kläder i trasor. De hade allehanda urskogs souvenirer som papegojor, en apa och bananklasar med sig. Smutsigt nersmorda var de av den röda jorden. Löven höll på att sjunka genom jorden, i stället för att visa guvernören hur illa Brasilien behandlat dessa arma människor och att skrivelsen de sänt guvernören var sann. Blev de istället hänvisade till köksingången ,och insläppta i köket där det rådde stor brådska men att orda festmiddagen. Det är skillnad på lort och pannkaka, säger jag er sa frälsningssoldaten

De fick veta att handlaren Edvin Carlsson hjälpt Axel Paulin i hans efterforskning. Carlsson hade kommit i onåd hos Sommerfält och Clarimundo för att han bistått svenskarna så gott han kunnat. Därför hade Svenska Staten betalt alla räkningar som Svenskarna från 1909-12 hade hos handlaren. Carl-Johan hade en skuld till honom på 64.40 Carl-Johan hade tänkt betala när han kommit tillbaka från Argentina, han hade ju bara hyrt ut kolonilotten till Fredriksson på fem år, innan dess hade han tänkt återvända bara barnen fått gå i skola en tid.

I konsulatets papper stod att läsa vilka som Carlsson hjälpt med krediter. Så här såg listan ut, det fanns även en spec. lista över vad var och en handlat.

Jan Vennberg   22.100
Fredrik Nyberg   19,400
Carl Brolin   287,00
Johan P Bockholm 7.400

Anders O Vasell   65900
Herman Furtenback 109.800 kvar

Carl G Lindstedt   72.100
Johan O Nordqvist   18.600 kvar
Johan Mlinell   58.700 kvar
Gustaf Envall   25.100
Carl A Hedström   18.400 hemvänt på egen bekostnad

David O Danielsson   36.700

Oskar Brolin	37.900
Carl Torneus	72.200
Carl Henriksson	64.400
Johan Landström	32..00
Petter O Beckselius	20.00
Luvisa Carlsson	14.300
E.O Fauranien	19.900 finne
Henrik Hytonen	34.400 finne
Gustaf Nyström	128,800 kvar
Frans O Holmgren	296.600
Carl E Bäckman	12.800
Gustav Holmberg	272.500
Anti Palo	27.200 kvar
Alto Mäkele	31.000 finne
Gustav Andersson	25.800
E A Karlsson	181.900 avrest.
Axel M Ström	114.200
J P Issakson Mäki	29.00
Emil Forsslund	85.700

....

summa 2.228.800

Nästa dag kom en sekreterare från legationen med en skriv maskin.
Carl-Johan fick berätta om deras belägenhet och sekreteraren hamrade hårt
på skrivmaskinen allt det som han uppfattade av Carl-Johans berättelse.
Ida-Maria var inte med utan hon passade barnen.

Undertecknad Karl Johan Henriksson förklarar härmed ,att jag är
Född den3 juni 1866 i Hietanemi församling. Norrbottens län ,och
Gift med Ida Johansson född den17 februari 1872 i Nederkalix
Församling. Norrbottens län samt har med henne barnen Jenny Ottilia
Född den / 1894 .Karl Emil född den 7 juli 1901.Johan Ragnar född
Den 18 maj 1903.Hugo Emanuel född den 4 september 1905.alla i
Nederkalix församling. Norrbottens län. Samt Märta Anna Teresia, född
Den14 december 1907 i Jukkasjärvi församling i .Norrbottens län .och
Signe Viktoria född den 18 november i Jukkasjärvi församling i
Norrbottens län

Att jag den 16 december 1909 avreste med min familj öfer Hamburg till
Brasilien dit jag ankom i början af februari1910

Att jag och min familj sedan vi landstigit i Rio de Janeiro, tillsammans med
svenska
ryska och tyska emigrant familjer, på brasilianska regeringens bekostnad
forslades över Porto Alegre , Santa Maria och kolonia Guarany till Nuoleo
Uruguayo, där vi fingo oss en lott anvisad och begynte röja ,svedja ,så och
plantera.
Att dottern Märta Anna Teresia afled i Nucleo Uruguayo ett par dagar efter
vår ankomst
dit (led av fallandesot redan i Sverige och har alltid varit klen)

Att vår lott i Nucleo Uruguayo hemsöktes av översvämning och skadedjur i
likhet med hvad öfriga kolonister därstädes varit utsatta för;
Att jag i oktober månad 1911 lämnade ovannämda kolloni, sedan det visat
sig omöjligt att där skaffa uppehälle för min familj samt tillfälle för extra
arbetsförtjänst ej stod att få. jag begav mig då öfer floden till argentinska
sidan och sökte erhålla arbete i SanJavier. men kunde icke få dylikt
,Genom landsmäns hjälp kommo vi sedan till Posadas, där erhöll jag
tillfälligt arbete såsom smed vid en mekanisk verkstad, tillhörig en dansk;
då arbetet var slut måste jag söka mig om på nytt ,men stod dylikt inte att
få. varför jag genom att arbeta ombord på en flodångare skaffade min
familj fribiljett till Santa Fe ,där icke heller arbete stod att få; icke heller i
trakten där omkring kunde arbete erhållas.
Att jag genom provinsregeringen i Santa Fe erhöll fri resa till Rosario, där
vi genom polischefen erhöll fri resa till Buenos Aires. varest vi blifit
omhändertagna af Kungl. Beskickningen.
Min dotter Jenny Ottilia erhöll anställning i en tysk familj i Posadas. När
denna senare reste tillbaka till Santiago de Chile medföljde Jenny Ottilia.
Enligt senaste meddelandet från henne är hon kvar i samma familj
Den tid jag var sysselsatt i Posadas utgör omkring 10 månader vi äro
samtliga friska och arbetsföra ,men arbete tycks icke finnas att få ,och
anhåller därför om hemförskaffning
På af statsverkets tillskjutna medel hvilka jag förbinder mig att återbetala
        Buenos Aires den 28 oktober /C J Henriksson

Har företett prästbetyg och arbetsbetyg, vilka senare utvisa intyg om
nykterhet ,skötsamhet
och pålitlighet
Med ett ritzljuds ryck drog han ut papperet från skrivmaskinen. Han hade hamrat så hårt på skrivmaskins tangenterna ,att punkterna gjort hål i papperet. Plingandet när han bytte rad hade ekat i rummet. Carl-Johan skrev under, namnteckningen pekade uppåt på pappret, men så var han också en obotlig optimist. Han hade flyktigt läst igenom papperet. Det stämde inte på alla punkter, men han brydde sig inte om att klaga. Det fick bli som det blev,han kände sig knäckt,skulle det hända Wilhelm något kunde ju Jenny lättare ta sig hem till Sverige tänkte han och höll tyst om missförstånden.

Ida-Maria undrade om Amelia fått resa hem med barnen? Hon gick till kontoret och frågade en frälsningssoldat som satt där. Efter lite språk förbistring och med Ragnars hjälp förstod han frågan och letade i liggaren över sina gäster. Amelia hade rest ut med tre minderåriga barn och en vuxen dotter. De vuxna sönerna hade arbete och kunde försörja sig, därför fick de inte fri resa till fäderneslandet. Man visste ingenting om sönernas vidare öden.

Ida-Maria träffade några svenskar som bodde här i väntan på hemtransport till Sverige, de visste inget om Amelia Landström, men kunde berätta, att CarlFredrik Brolin inte ville resa hem till Sverige. Stackars Fredrika tänkte Ida-Maria. Fredrika var från Råneå och ville inte stanna i Brasilien. Hon hade fällt många tårar av hemlängtan under bönemötena. CarlFredrik hade de lärt känna i Kiruna han var bas för ett sprängarlag det var ett farligt arbete och han ville därför få något eget. De hade rest ut tillsammans från Kiruna. Torneus hade också stannat kvar likaså Palo, Karlstedt och Furtenback. Ett sting av ånger spred sig i hennes bröst, hade hon gjort rätt som förmått Carl-Johan att lämna Porto Lusena. Han ville ju egentligen inte fara till Argentina och absolut inte hem. Det syntes emellertid som om det nu inte fanns någon annan utväg.

Bemyndigande för minister residenten i Buenos Aires att till Sverige hemförskaffa vissa nödställda svenska underståtar, hade nått friherre Löwen, sänt från Stockholms slott den 19 januari 1912. Den första januari 1912 hade de svenska emigranter sänt ett brev till stadsminister Karl Staff med 40 underskrifter och förfrågan om telegramsvar till EA Larsson Colonia Guarrany .Rio Grande do Sul Brasilien. Handels attachén Axel

Paulin hade gjort en rundresa i området och kartlagt svenskarna och deras livs situation i en 40 sidor lång rapport som blev klar den 3 maj 1912. Allt detta fick Carl-Johan reda på av konsulatet.

Carl Johan skrevs in i Svenska beskickningens räkenskaper den 27/9 1913, i en blå skimrande bok med en gul etikett som hade en brun ram. På etiketten stod det bil.2 och 4 och boken hade hårda pärmar i boken fanns alla utläggen konsulatet haft för svenskarnas hemförskaffande uppräknande.

familjen på allmän bekostnad till Rosario och därifrån af polismyndigheten till Buenos Aires ,hvarest de anmälde sig på beskickningen.K:J. Henriksson spårvagnspengar 00.40
Den 28/9 Delfino&Hermano Biljett Buenos Aires-Hambur K:J Henriksson 285,00 .
Henriksson kontant 10,0.pesos moneda nacional.
Den 30/9 Frälsningsarmen ,kost och logi K.J.Henriksson 10,80
Transport av effekter d:o 4,00
Sa:318.20 m. d.

I en skrivelse som löd sålunda behandlades Carl-Johans ärende. Legation de Suede hemförskaffning af K.J Henriksson. Den 30 okt 1913 N:o 156 skriver Löwen till Herr Ministern för Utrikes Ärenden. Med blyerts står skrivet ovanför kopia till Norrbottens län disp. Dr Lundbohm samt national föreningen mot emigration.

Jag får vördsamt meddela ,att jag med tyska Ångfartyget "König Fredrich August",som i dag afgått härifrån ,till Hamburg för vidare befodran till hemlandet afsänt svenske understånten KarlJohan Henriksson med hustru och fyra minderåriga barn.
Henriksson anlände till Brasilien i början av februari 1910 och nedsatte sig som kolonist i Nucleo Uruguay ,men lämnade kolonien i oktober månad påföljande år, sedan han där rönt samma motgånga som öfriga kolonister därstädes och begaf sig till Posadas i territoriet Misiones, där han erhöll arbete såsom smed ,Sedan denna anställning upphört, och annan dylik icke stod att få ,fingo han och hans familj medfölja en flodångare till Santa Fe,mot att han utförde förekommande arbete ombord :Då på denna plats eller i dess omnejd arbete ej heller fanns i dess omnejd ,sändes Henriksson och familjen påK:J. Henriksson spårvagnspengar 00.40

allmän bekostnad till Rosario och därifrån af polismyndigheten till Buenos
Aires ,hvarest de anmälde sig på beskickningen. allmän bekostnad till
Rosario och därifrån af polismyndigheten till Buenos Aires ,hvarest de
anmälde sig på beskickningen.K:J. Henriksson spårvagnspengar 00.40

Enär här för närvarande tusentals arbetare gå sysslolösa, och män med
hustru och barn, enligt hvad erfarenheten utvisat , Hafa ökad svårighet att
finna anställning ,ansåg jag mig böra bifalla Henrikssons anhållan om
hemförskaffning för honom och hans familj. En af Henriksson afgiven
förklaring närslutes.

G h Löwen.

Han skickade även ett telegram till konsulatet i Hamburg för att säkerställa
att de mötte upp och hjälpte familjen, samt ett brev med följande lydelse.

. Legation de Suede
Svenske understaten, arbetaren Karl Johan Henriksson, och hans hustru
Ida Johansson samt makarnas barn Karl Emil, Johan Ragnar, Hugo
Emanuel och Signe Viktoria, senast kyrkoskrifna i Jukkasjärvi församling i
Norrbottens län, hvilka i Brasilien råkat i nödställd belägenhet och
därifrån anlänt hit, sändes för vidare befodran till hemlandet med tyska
ångfartyget "König Fredrik August" till Hamburg, hvarest de hava att
anmäla sig å därvarande svenska konsulatet .
De hafva av mig blifvit försedda med biljett till Hamburg samt ett kontant
belopp af tio pesos moneda nacional.

Kungl. Svenska Beskikningen i Buenos Aries den 29 okt.1913

G Löwen minister resident

Det fanns en svensk kolloni i Buenos Aries ,de hade samlat in pengar till de
nödställda från Brasilien. Paulin berättade om en man vars hustru längtade
efter salt sill,mannen hade gett sig ut i den okända staden från
frälsningsarmen utan att kunna språket,han kom tillbaka med salt sill. Hur

mannen hade burit sig åt var en gåta för Paulin. Det visade dock svenskarnas mod och företagsamhet inget tycktes dem omöjligt.

HEMRESAN

De fick hjälp från konsulatet att ta sig till fartyget .Väl ombord kunde Ida-Maria konstatera att de fått en andra klassens hytt. Det var annat än att åka i lastrummet som de fick göra från Hamburg till Brasilien. Hon var tillfreds nu, stilla undrade hon vad framtiden hade i sitt sköte? Dagarna gick långsamt tur att hon hade sin stick med ,de behövdes nog yllesockar i hemlandet. Måltiderna gav avbrott i vardagen och den ena dagen lades till den andra.

Carl-Johan hade träffat en svensk matros som arbetade på båten. Han berättade att förra året var det en familj som som inte kom med på båten för någon hade blivit sjuk Bagaget var lastat ombord och det fick följa med till Hamburg. Där tog konsulatet emot det och skickade det till Malmberget det kalaset kostade 21.80 R. mark har jag hört ,sa matrosen. Han visste också att familjen Harjulehto åkte hem med ångfartyget Frisia via Amsterdam. Carl-Johan drog sig till minnes att många landsmän hade mist sitt bagage på färden till sina kolonier,någon redan i Hamburg.

Ida-Maria satt i en däckstol med sig hade hon Signe, en svag varm bris från havet fläktade skönt,hon tog fram en härva med garn Signe sträckte ut sina små armar och Ida-Maria la garnet över Signes händer tog upp en tråd och började att nysta upp garnet. .

Dagen kom när de passerade ekvatorn då utbröt ett hejdlöst spektakel och man blev döpt av självaste Neptunus, många var utklädda och barnen hade roligt. Kaptenen berättade att i maj månad förra året föddes ett gossebarn mitt på ekvatorn av en ung svenska på vägen hem till Kiruna. Han döptes och fick fartygets namn. Rederiet skall ge honom utbildning till sjöman på rederiets bekostnad när han blir 14 år förkunnade kaptenen.

De följde Afrikas kust och kom så småningom till Lissabon, där steg en del passagerare i land. Vädret hade varit nådigt, ingen storm hade kommit i deras väg. Än var det långt kvar, bara höststormarna inte drabbar oss, tänkte Ida-Maria och lade ifrån sig sticken. Carl-Johan stod vid relingen på fartygs däcket han tog fram pipan och knackade ur den så det sjön i metallen. Fram till honom kom ett resligt Fartygsbefäl och frågade om det var Henriksson, mannen tog fram en kardus med tobak som han bjöd Carl-Johan ur. Männen stoppade sina pipor och fick fart på dem trots att blåsten nästan hann blåsa ut tändstickan. Mannen hade hört att Henriksson varit i Brasilien,nu ville han veta hur det var där borta. Carl-Johan började berätta om sitt liv och fann det trevligt att prata med landsmannen som kom från Göteborg .

Det visade sig att fartygsbefälet hade arbetat på "CAP ORTECAL"fartyget som tagit hem de första återvändande Brasilienfararna. Befälet berättade vidare att dom ledsagats på båten av ambassad sekreteraren Paulin. En passagerare vid namn doktor dr. Dick de Marvel som också kom ombord hade lovat Paulin att hålla ett vakande öga på svenskarna. Denne man hade svenskt påbrå och hade tidigare med hjälp av sin fru samlat in pengar bl.a. i den Svenska kolonin i Buenos Aires. Skeppsläkaren hade händerna fulla med att sköta om svenskarnas klimat sår och att befria dom från garra pata, fårlus,han var spanjor men fick mycket hjälp av Dick de Manvel att sköta om de drabbade svenskarna. Denne man startade en insamling av kläder bland första klassens passagerare. stor hjälp hade han av den argentinska generalkonsuln från Paris,senor Llobet med fru och en senorita Bunge. Dom gick till och med ner till tredje klass däck, där han personligen delade ut en mindre penninggåva till flertalet av svenskarna . Ja,de må jag säga var schangtilt gjort inflickade Carl-Johan.

I fjol i juni månad fick vi begrava en fru Josefina Haarola från Gällivare ute till havs. Två sjuka en Gustav Edestål med son Oskar Fredrik från Pajala fick vi sända iväg till sjukhuset i Hamburg så fort vi ankrat. Jag fick höra att fadern dog och är begraven på Ohlsdorfs kyrkogård ,hoppas att sonen tillfrisknat från dysenterin fortsatte befälet medan han tog upp sitt fickur och konstaterade att hans pass snart skulle börja.

Den 20 november anlände de till Hamburg och möttes av en anställd från konsulatet. De fördes till ett andraklassens hotell. Hotellet låg vid Westerstrasse 19 ägaren hette E. Smolka. Det kändes konstigt att få fast mark under fötterna, på hotellet vankades det mat sedan var det bara att krypa till kojs tacksamma över att båtresan var över. Ida-Maria tyckte att det var kallt på rummet, hon försökte att övertyga sig själv att de gjort det enda rätta att återvända till Sverige. Det sved i själen över att ha fått lämna Jenny, måtte det inte hända Wilhelm något så hon blir ensam. Ida-Maria hade haft mycket hjälp av Jenny, men det är väl livets gång att barnen ska flyga ut ur boet, tröstade hon sig med. I morgon efter frukost skulle de hämta sitt bagage på Hamburger-Amerikas godsterminal och sedan ta tåget till Lybäck. Carl-Johan hade berättat att svenska utrikesdepartementet stod för alla kostnader, hon kände tacksamhet med skamset röda kinder.

För vistelsen i Hamburg fanns en räkning till Chefen för Utrikesdepartementets   Rättsavdelning Anordning.
Nummer 685
Öfer utgifter för återvändande brasilie fararen Karl Johan Henriksson med familj anlända till Hamburg den 20 november 1913 med s/s König Fridrich August från Buenos Aries

Biljetter till Lubäck3/1,3/2	*Mark 6.75*
Logi räkning bil 1	
11.25	
Transport i Hamburg af resegods bil2	*2.55*
Frakt till Lybäck ” ” bil3	
2.50	
Telegram till Lybäck	
0.50	
Kontant till Henriksson	*2.00*
Åkning i hamnen och staden	*0 85*
Perongbiljett	
0.10	
För ombesörjandet af personerna och sakernas hämtning köpande af biljetter och hämtning från hotellet etc.	*6.00*

32.45

Kvitteras   Hamburg den 21 november   Karl Rettig.

Tåget rullade sakta ut från Hamburg. Pojkarna ville sitta vid fönstret medan Signe lutade sig mot Ida-Maria. Carl-Johan stoppade sin pipa och små rökpuffar hoppade ut hans mun. Signe tyckte det var lustigt och ville att han skulle blåsa rök ringar.

På eftermiddagen var de framme i Lybäck. Här mötte en ny man från svenska legationen upp och följde dom till hamnen, där den svenska ångbåten s/s Malmö låg förtöjd som skulle ta dem till Malmö. De trampade åter däck men den här gången skulle sjöresan bli kort, närmare bestämt nio timmar. De blev placerade i en salong vars väggar var beklädda med ett mörkt trädslag här fick de vänta tills middagen skulle serveras. Nog var det skillnad mot för utresan. Ida-Maria slappnade av snart skulle de få sätta fötterna på fast fosterländsk jord. Hon hoppades att moder Svea skulle ta emot dem med öppna armar och ge dem arbeta och levebröd.

Även här skriver konsulatet en räkning till UD med följande utgifter

Transport av effekter från stationen till ångbåten riksmark:	*2.20*
För två biljetter å. M 7:90	*" 15:80*
För fyra " " 3:95	*" 15:80*
För kost under resan a. M 1:59 per person	*" 9:00*
	Summa Rmk 42:80

Väl framme i Malmö stod de åter på svensk mark, en man från hotellet mötte dom på kajen. Det kändes underligt inte bara den gungande känslan efter båtresan utan även känslomässigt. De hade fått hjälp att polletter sitt bagage till Kiruna och att ta den gröna spårvagnen till hotellet. Utanför på gatan var det liv och rörelse eleganta damer i vackra dräkter med enorma hattar på huvudet ilade förbi, de flesta av dem hade paraplyer som spatserkäppar. Det vimlade av gummor i hucklen med stora schalar över axlarna en del bar förkläden över den grova kjolen och en korg på armen, men man såg inte så många män. Et torg syntes i fjärran, där var det kommers och massor med stånd,av dem såg man bara vita tyg tak. Det fanns massor av hästar med kärror och någon enstaka lastbil. Hotellet var stort och de blev väl mottagna av ett trevligt par som ägde det hemtrevliga hotellet.

De blev serverade mat i stora matsalen som hade vita dukar på borden prydligt slät manglade. Ida-Maria och hotellets kvinnliga ägare kom bra överens och de hade mycket att språka om. Ida-Marias hjärta värmdes över all vänlighet och hon strålade av glädje. De blev erbjudna varma kläder som skänkts av välgörenhets organisationer. Signe fick en vinterkappa med skinnmössa och knäpp kängor,det måste ha varit en rikemans flicka som ägt de kläderna. De behövde inte vara oroliga, sa hotell ägarinnan, kläderna var tvättade och från friska personer. Vid kaffet på eftermiddagen satt Ida-Maria och hotell ägarinnan och småpratade Signe och ägarinnans son satt under bordet och lekte. Signe tittade fram och sa med en bekymmersam min : "Mamma han förstår inte vad jag säger men jag förstår det han säger." Kära barn du måste tala svenska, här förstår man inte spanska, svarade Ida-Maria. Hon fick se gamla tidningsurklipp som ägarinnan klippt ut och sparat,alla handlade om Brasilien i någon form . Ett var från Aftonposten som hade ett fotografi av Amelia Landström ,en Lindbäck och en annan kvinna. Ida-Maria ilade över till Carl-Johan som satt och diskuterade med några män i salongen.

Afton tidningen var från den 11/3 1912 de hade med stora feta bokstäver skrivit. *Den stora svenskgraven i Brasiliens obygder. Överlevande Kiruna-emigranter berättar efter hemkomsten om de tunga årens kamp mot svält och sjukdom i Sydamerikas inferno.*

För att försöka urskilja dikten från verkligheten i den mångfald av motsägande uppgifter angående de svenska emigranternas liv och vistelse i Brasilien, som vid olika tider kommit tillsynes i pressen, har Aftontidningen nu genom sin korrespondens i Kiruna företagit en undersökning bland några av de återvända emigranterna, för att ur deras egen mun få höra hur de verkliga förhållandena gestaltat sig under denna äventyrliga färd till och från det fjärran liggande landet. Vi överlämnar härmed ordet åt vår korrespondens: "På hösten 1910 började den egentliga stora utvandringen till Brasilien från de Norrbottniska gruvfälten. Anledningen till denna

123

massutvandring, vilken grep omkring sig som en smitta bland arbetarna, är
närmast att tillskriva de rosafärgade skildringarna av landet och
förhållandena, som i brev hit, gavs till vänner och anförvanter från några
året förut till Brasilien emigrerade arbetare. Brasilianska regeringens
frikostiga anbud att lämna fri resa från Hamburg samt den inbillat säkra
utsikten att med mindre ansträngande arbete erhålla en mer dräglig och
trygg existens än i hemlandet formligen suggererade människorna. Man
realiserade i stor hast sina tillhörigheter, som inskränkte sig till några
ytterst tarvliga bohags artiklar, och sedan var man redo för avfärden.

Ida räckte fram tidningsurklippet och han läste högt under det han sjöd
av harm, han lyckades att behärska sig och lade ifrån sig den rykande
pipan på ett vackert grönt askfat som hade en isbjörn som dekoration. Han
harsklade sig och fortsatte läsningen.

De familjer som synas på bilden här ovan och som nu efter oerhörda
lidanden lyckats återkomma till fosterjorden avreste från Kiruna i mitten av
december 1910. Mannen och den knubbiga lilla flickan på bilden är de
enda kvarvarande av den Lindbärska familjen, vilka vid avresan räknades
till sju medlemmar. Hustrun och fyra barn slumra nu i Brasiliens jord
offer för klimatfeber och strapatser.

Änkan Landströms två pojkar stannade kvar i Argentina för att de övriga
skulle få resa hem. Hon är avbildad med tre av barnen en dotter ligger på
lasarettet i Luleå.

Carl Johan tittade upp från tidningsurklippet. Jag sa ju åt Landström att
inte dricka från medicinflaskan. Varför i hela fridens namn hörde han inte
på mig? Han hade inte dött knall och fall om han låtit bli att dricka från
den. De flesta dog av den smörjan till medicin eller så blev de alldeles
tokiga,sedan fortsatte han högläsningen, hög röd i ansiktet.

De glädjas över att komma bort från det land som de fuktat med sina tårar
och vars jord nu gömmer mycket av de käraste de ägt i livet. Om
dödligheten omfattning kan man nämligen få ett begrepp, då man får resan
till Sverige. Denna anträddes juldagsmorgon och den sistlidna januari

fingo de svårt prövade människorna åter ställa sina fötter på hembygdens
jord, lyckades alla av 300 till kolonin Guarany utvandrande svenskar har
ungefär tredje delen avlidit inom kortare tid än ett år.

Jaha, sa Ida-Maria. Jag glömmer aldrig när Landström stod på vår tapp,
i dörr öppningen han tog sig för bröstet och dog. Inte var det roligt att
behöva spika ihop en kista åt honom och begrava honom på vår kolonilott,
sa Carl-Johan. Den lott dom blev hänvisade till bestod av rena rama
urskogen men Amelia envisades men att försöka. Jag förstod att de inte
skulle klara sig där. De dagar jag hjälpte dem att försöka få tak över
huvudet förstod jag att de inte skulle gå trots att de ville försöka. När vi for
över med mat åt familjen hade de vare sig inte fått hjälp eller änke
understöd av kommissarien. Det var för sorgligt, Clarimundo stoppade
nog dessa pengar i egen ficka, den banditen. Minns du när Amelia och
barnen dök upp i Argentina i Desvio Matara och av en slump fick reda på
att vi var där ute på Estansian. Hon är en överlevnads konstnär som inte
tappat livsgnistan och hennes barn är duktiga. Undrar hur de haft det i
Buenos Aires? Titta här fortsätter artikeln den är litet trasig men det går att
läsa, sa han och fortsatte högläsningen. Nu hade den röda färgen gett vika
från hans solbrända ansikte och han läste lugnt.

Fru Landström stod ensam och frånryckt det starka familjestödet. Hur
bittert lidandes bägare varit att tömma för denna stackars kvinna ,med sina
faderlösa små,framgå tydligast av hennes hysteriska gråt ,så snart hon
börjat skildra sina upplevelser i Brasilien.
Kvinnan med de två små barnen längst till höger i bilden är i sina bästa
år ,men även på henne har sorg och umbäranden satt nog så tydliga spår.
Mannen har kvarstannat i Argentina och ett barn har avlidit där ute.
Om överresan berättade samtliga att den var någorlunda dräglig ,med
undantag av 9 dygns båtfärd från Rio de Janeiro till Porto Alegre och
vidare under 8 dagars resa med häst skjuts från den plats där
järnvägsförbindelsen upphörde och fram till bestämmelse orten,kolonin
Guarany. Förbi denna koloni flyter den väldiga Uruguay floden och i dess

närhet de utlovade jordbrukskolonierna. Dessas areal utgjorde i allmänhet
250 meters bredd och 1000m meters längd bestod uteslutande nog av
ogenomtränglig urskogsmark Priset för dylik jordlott skulle vara 800
milreis (1 mil=2:04 i svenska mynt)vilken summa skulle vara inbetald
inom loppet av 5 år ,varom icke ,stadgades en straffränta på 40% på det
till denna tid ej inbetalda belopp.

Som kolonisations bidrag från den Brasilianska staten erhöll varje
nybyggare 125 milreis Vägröjningspengar samt 250 milreis i
byggnadshjälp vilken sist nämnda summa dock ej till fullo utbetalats förrän
byggnaderna efter en av staten uppgjorda ritningar voro oklanderligt
uppförda.

Varav skulle nu dessa till största delen fullständigt utblottade kolonister
leva av under röjnings och byggnadsarbetet och väntan på den första
skörden? Jo,av 30 milreis per månad ,som oavsett familjens storlek, utkomst
av det nyss nämnda kolonisationsbidraget. Att detta i synnerhet för stora
familjer var ytterst knappt kan man förstå då man får veta de oerhört höga
priserna på livsförnödenheterna. Vi anföra här några prisuppgifter 1 kg
socker 1 milreis, 1 kg risgryn100 reis,1 kg vetemjöl 1/2 milreis, 1kg svarta
bönor ½ milreis, 1kg fläsk 1 milreis o.s.v. Brödet som ju är en
huvudbeståndsdel i hans föda saknades fullständigt i denna ödemark
Änkan Landström omtalade att hon vid barnens rop på bröd sökte
åstadkomma sådant med majsmjöl som hon sedan gräddade.

Här var urklippet trasigt men det gick att läsa trots att en bit var borta,
Carl-Johan strök försiktigt ut tidningspapperet med handen och fortsatte
högläsningen. Åhörarna lyssnade med stort intresse.

Människor lyckades med knapp nöd rädda sig undan översvämningarna.
Därefter fortsatte karavanen in på argentinskt område där jämförelsevis
väl avlönat skördearbete erhölls .Under tiden levde man i största
sparsamhet ,ofta försakade till och med det nödvändigaste endast
besjälade av tanken att söka skaffa medel för hemresan.
Efter skördearbetet ,och då intet annat arbete stod att få ,fortsatte
vandringen till närmaste stad där arbete efterfrågades utan resultat. Här

insjuknade flera av familjen ,vadan alltså ett längre uppehåll måste
göras ,och vad värre var de gjorda besparingarna ,för vilka man väntat att
komma åtminstone några mil närmare fosterjorden,gingo under tiden
förlorade.
Sedan de sjuka tillfrisknat stod man alltså ånyo fullständigt
blottställda,utan medel ens till existens. De olyckliga hade nu endast ett
mål i sikte,nämligen den argentinska huvudstaden Buenos Ayres där de
visste att en svensk beskickning fanns. De visades nu den välviljan att fritt
få medfölja argentinska statens transport foror fram till sistnämnda
stad,där de lämnades åt sitt öde. Man kan förstå deras förtvivlade
belägenhet i den främmande staden,obekanta med språket och utan medel
till sitt uppehälle.
De hade dock varit nog försiktiga att före avresan från den plast där sista
uppehållet gjorts låta till spanska översätta en lapp nedskriva sin önskan
att vid framkomsten bli föreställda för svenska ministerresidenten i Buenos
Ayres. Denna lapp uppvisades nu för en poliskonstapel vilken till en början
medtog den nu till 14 personer uppgående hemlösa främlingar med sig till
polisstationen. Där de uppgivna av hunger och trötthet fingo övernatta ,för
att nästa dag ledsagas till svenska konsulatet.
Här blevo de ytterst vänligt emottagna och på ministerns försorg
inlogerade på Frälsningsarméns härbärge. Där de erhöll rikligt med mat
och snygga och trevliga rum.
Svenska ministern,för de stackars människorna ej hade tillräckliga ord att
uttrycka sin tacksamhet ,föranstaltade sedan om en insamling inom den
Svenska kolonin i Buenos Ayres ,vilken insamling blev så riklig att nödiga
klädesplagg kunde anskaffas .

Jaha det var det sa Carl-Johan och knackade ut sin pipa i askfatet och
stoppade den med ny tobak satte eld på en tändsticka och sög ihärdigt i
pipan . Nu fick vi ju reda på att Amelia finns i Kiruna, men jag kan inte
förlika mig med att hennes man drack den där smörjan till medicin. Tänka
sig, lappen som du skrev Ida-Maria åt Landströms familjen i Argentina
kom ju verkligen till nytta.

Nu stundade avresan från Malmö för familjen Henriksson. De hade fått fria biljetter av statens järnvägar till Kiruna. Hotell ägarinnan hade gjort i ordning en matsäcks korg som hon skickade med dem. Det var råkallt och regnigt ute när de klev ombord på tåget som skulle ta dem till Kiruna. Ja nog var den här tågresan lättare än den som förde dem ut på livets största äventyr. Den gode Guden hade trots allt varit dem nådig, ovissheten vad som väntade dem i Kiruna gnagde och skavde i deras sinnen.

Tågets dunk, dunk, dunkdunk sjöng i vagnshjulen när det rusade fram över skenornas skarvar. Det var sövande och snart somnade Ida-Maria. Pojkarna gick på upptäcktsfärd genom tågen, lite otäckt var det att gå emellan vagnarna tyckte de. Snart var nyfikenheten tillfredsställd och de vände åter till kupén lagomt för att få sig litet till livs ur mat korgen.

På kvällen nådde de Stockholm, de behövde inte byta tåg, vagnen de satt i var destinerad till Narvik. Snart sov alla, Emil och Ragnar hade lagt sig på golvet. De vaknade först när tåget stannade i Boden på morgonen. Där åt de upp det sista ur den välfyllda mat korgen.

Konduktören som fått reda på att de kommit från Brasilien bjöd dem på kaffe och det värmde gott i både själ och hjärta. Om sex- sju timmar skulle de vara framme i Kiruna ovissheten skar som knivar i hjärtat på Ida-Maria, vart skulle de ta vägen, skulle de få någonstans att bo ? Hur skulle det bli med arbete? Många frågor snurrade runt i huvudet på henne. Carl-Johan den store optimisten, sa oroa dig inte det blir nog bra ska du se. Ja, hon litade på sin Carl-Johan han hade inte svikit sin familj och de hade alltid haft mat om än lite ibland, men de hade inte direkt svultit.

Konduktören tittade in i deras kupé när tåget passerade Sandträsk han berättade att ett stort sanatorium för tbc sjuka hade byggts där och nu var det klart. Han hade träffat många Brasilien återvändare under 1912. Carl-Johan berättade att de som kom 1911 till Brasilien fick det sämst. De hade bosatt sig på lågland nära floden. Deras lotter översvämmades och inte blev det bättre av platschefens korruption och ingen nödhjälp gavs, den hamnade nog i hans fickor. Paulin från legationen i Buenos Aires fick i uppdrag att

kartlägga och hjälpa Svenskar i nöd att få hemresa på konsulatets
bekostnad. Svenska regeringen stod för fiolerna.
Konduktören hade hört att en lärarinna Lina Hjort i Kiruna hade
skrivit ett brev till utrikesdepartementet för att få hem tre
Kirunafamiljer,och fått svar från konsulatet av en Löwen som hade skrivit
att familjen Strand som hon frågat efter redan var på väg hem till
fosterlandet, likaså skulle Familjen Norberg bli hemsända. Fam Eliasson-
Töyrä var finska underståtar och kunde därför inte komma i fråga. Det har
varit mycket rajerande i pressen om gruvstuge Nilsson ,det ryktas att han
fått pengar till hemresan av Hjalmar Lundbom ,men ingen vet säkert
avslutade konduktören och drog igen kupé dörren som stängdes med ett
klickljud.

Tåget hade nått Kiruna. Perrongen var nyskottad, stora snöflingor
dansade ner från den gråa himlen. Ingen mötte dem, de traskade iväg mot
stations byggnaden. Här i väntsalen satte de sig på en långbänk emedan
Carl-Johan pratade med stinsen. De var hungriga och frusna och utan
pengar. Stinsen hänvisade dem till en barack där det fanns lediga rum. De
traskade raskt i väg till baracken där fick Carl-Johan hjälp att få bagaget
från stationen. Samerna som bodde där var hjälpsamma och de bjöd in
familjen på mat. De hade kokat märgben och det smakade ljuvligt.
I morgon tar jag mig till sågen och söker arbete, sa Carl-Johan. Han
fick lift med en hästfora som skulle till sågen. Väl där möttes han av
arbetaren Badlun, en stor och reslig karl som man var tvungen att hålla sig
väl med, han var den som propagerat värst för emigrationen till Brasilien
och hade höjt de som åkte till skyarna, men tydligen hade han själv inte åkt.
Nu var det annat ljud i skällan de omnämndes som gulingar när han skrev
till flamman. Vad gör du här din jävla värvare? Du som störtat andra i
elände, sa han till Carl-Johan med en min som inte bådade gott. Carl-Johan
knöt näven i byxfickan,här gällde det att ta det lilla lugna. Han kände hur
smockorna låg i luften. Men han backade inte:" Du fick ju ett brev som jag
lovat dig från Brasilien inte ljög jag och inte bad jag att du skulle komma
efter. Nu ska jag träffa disponenten". Så fasen heller, han är inte här

fortsatte Badlun. Carl-Johan vände tillbaka till baracken. Tårar av ilska, besvikelse och orättvisa brände under ögonlocken. Han var ingen värvare, det var inte hans fel att naturkrafter, korruption och sjukdomar sänkt emigranterna som sökt sig till Brasilien. Han körde händerna djupt ner i fickorna, kylan bet i kläderna, fötterna var kalla och tårna brände av köld. Väl hemma i baracken värmde han fötterna framför järnkaminen. Ida-Maria började att gno liv i hans kritvita tår till slut började det att sprätta i dem och färgen återvände. Nästa dag fick han höra att delar av sågen brunnit och en ny ägare skulle överta den.

Carl-Johan fick hjälp till arbete av självaste Hjalmar Lundbom. De fick hyra en liten stuga i Laxforsen 76:1. När det blev isfritt på älven fick han arbete som maskinist på en ångbåt som fraktade timmer till sågarna. Aldrig hade de varit så fattiga som nu och han började att längta tillbaka till kolonin som han arrenderat ut till finnen Fredriksson mot att han skötte om den.

Ida-Maria blev orolig, visst saknade hon sin täppa med de goda melonerna. Majs och bönor var ju godare än de kålrötter som bara fanns att köpa i dessa krigstider. Carl-Johan ville prompt tillbaka till Brasilien, de hade många och långa samtal för och emot. Ida-Maria visste att jorden var billigare i Argentina hon ville inte tillbaka till stugan med en spis som rök in och jordgolv. Hur hade han tänkt att klara av att betala lånet? Kommer du inte ihåg all oro för att skörden skulle slå fel? Hennes argument hjälpte föga.

Slutligen bestämdes att Carl-Johan skulle ta hyra på en båt och sedan skulle familjen komma efter, när han bärgat första skörden. Det finns ett problem Tyskland och England är i krig med varandra och du ska passera båda,sa Ida-Maria. Jag kommer från ett neutralt land och jag tar hyra på en svensk båt. Det finns regler och avtal om den fredliga handels friheten till sjöss, kontrade han. Vad Carl-Johan inte visste var att den lagen redan hade kränkts, det var inget annat än folkrättsvidrigt. Han var emellertid less på alla gliringar om att vara värvare, som många kastade efter honom. Hade inte varje människa ett eget ansvar? Livet där borta var ingen dans på rosor, de hade fått slita men de hade ju haft något som var deras eget.

Carl-Johan tog hyra på S/s Jane med sig hade han spadar, ett spett, verktyg, sågar och spik vilket var en brist vara i kolonin, och vansinnigt dyrt. Det mesta hade han köpt begagnat. Den 26/11 1916 går handelsfartyget in i engelska kanalen målad med den svenska flaggans färger längs båda sidorna med belysning på, för att inte de stridande skulle ta fel. S/s Jane blev torpederad av tyskarna. Besättningen räddades av det norska handelsfartyget s/s Zeus.

Ida-Maria hade besök av Amelia när det knackade på dörren och en man kom in med ett telegram från rederiet. Där stod bara, s/s Jane torpederad i engelska kanalen besättningen räddad av norskt handelsfartyg.

Ida-Maria blev alldeles kall inombords som om kroppen frös till is, Amelia satte på kaffepannan och fick Ida-Maria att tina upp. De började tala om Brasilien och Argentina. Minns du de goda frukterna som dina gossar plockade åt oss. Ja , nog minns Ida-Maria alltid Amelia fortsatte, vet du vad jag hörde här om dagen, jo en fru som dog i Brasilien av ett spindelbett eller ormbett lär ha stulit en hämtare från Sigurds mjölk affär och en kniv från kooperations affären i Jukkasjärvi innan de for till Brasilien. Ja ,nog har man fått sig till livs många tragiska levnads öden. Jag har läst ett brev hos fru Edla Norkvist som hon fått av Malin Olsson från Brasilien, som hon skrev den 5/3 1911. Hon hade med all rätt varit arg på Palos locktoner, han hade utmålat hur fint hus han hade och hur stor plantering han hade, vilket visade sig vara en stor lögn, det fina huset var en usel typ av fiskarkoja, planteringen var full med stubbar och ogräs. Hon beskrev verkligheten där borta på ett bra sätt i sitt långa brev och hon ville få hjälp att komma därifrån. Bestämt kom dom tillbaka före er,jag tror att det var i juni månad 1912.

Ida-Maria drog sig till minnes en man som hon och Carl-Johan träffade i Buenos Aires. Han hade en kolonilott i Erichim, skörden slog fel, tre barn hade dött i tyfus och frun var gravid. För att kunna försörja familjen tog han sonen med sig till ett järnvägsbygge. Sonen hade blivit lam i ena armen förmodligen av ett ormbett. När de varit vid järnvägsbygget en tid, fick de meddelande att frun dött i tyfus,spädbarnet och en tvåårig flicka hade blivit

omhändertagna. Spädbarnet av ett brasilianskt par,flickan som hette
Gertrud Linnea fanns hos en tysk familj vid namn Wisnitsky.
Karlsson och sonen hade fått lov att resa hem på konsulatets
bekostnad. Han ville ha med sig Gertrud och konsulatet hjälpte honom.
Man skickade en man från Poro Alegre från vise konsuln där. Det första
försöket gick om intet då Wisnitzky vägrade att utlämna flickan till vice
konsulns utsända man. Myndigheterna på platsen vägrade att bistå
honom,då han inte kunde visa någon befallning från kolonistyret i Porto
Alegre, han fick återvända tomhänt.

Det gjordes ett nytt försök. En man som hette Dahlberg hade fått i
uppdrag att söka efter två barn som mist sina föräldrar i Erichim av barnens
släkt i Sverige. Han hade även tagit sig an fallet med Gertrud Linnea
Karlsson. Men Wisnitzky vägrade lämna flickan ifrån sig, han sände med
ett brev och intyg från kolonichefen att han var en arbetsam och hederlig
man och behandlade flickan väl. En främmande person hade kommit med
flickan till honom. Hon var väldigt sjuk och familjen hade tagit väl hand
om henne och betraktade henne som sin dotter och nu var hon frisk.
Dahlberg inhämtade uppgifter från folk på platsen som kände både
Karlsson och Wisnitzky. De tyckte att flickebarnet hade det bäst hos tysken.
Dahlberg ville därför inte skrida till ytterligheter, lilla Gertrud blev kvar i
den tyska familjen. Dessa försök hade kostat konsulatet 100milreis första
gången och 35 milreis för det andra försöket.

Det var gott att ha Amelia hos sig,det lindrade förtvivlan som slog likt
svallvågor i Ida-Marias bröst. De fortsatte att minnas och drack sitt kaffe.
De tog fram sina pipor som stoppades med tobak,den trycktes ned med
tummen. Handen kupades om piphuvudet och med en flammande
tändsticka sattes tobaken i brand. Pipan sattes till munnen och de sög in
röken i snabba andetag och blåste ut den samtidigt som de viftade med
tändstickan, tills den slocknade. Om hälsa och liv får råda och Gud så vill
kommer Carl-Johan hem välbehållen, tänkte Ida-Maria. Pojkarna fick i alla
fall gå i skolan. Hon tog fram ett fotografi av familjen som de tog den

dagen pojkarna började i skolan och visade det för Amelia. Jag skall skicka det till Jenny ,sa Ida-Maria.

I Malmö hade Ida-Maria läst flera tidningsartiklar om emigrationen till Brasilien. En av dem hade etsats sig fast i hennes minne, den hade som överskrift "Den röda dödskaravanen till Brasilien har nu återvänt till Sverige på konsulatets bekostnad". När hon läst överskriften hände något märkligt inom henne. Sorgen över lilla Märta och baby gossens död hade banat sig ut ur undanträngda hörnet i hennes själs hjärta och brusat fram likt en flodvåg som sprängde upp förträngningens och glömskans dammlucka , salta tårar hade runnit nedför hennes kinder. Hon hade lyckats stänga dammluckan och kunnat sända sorgen tillbaka till minnets dunkla vrå, där hennes fyra barn som dött i Sverige befann sig. Hon hade ingen grav att gå till men hon kunde bevara barnens minne i sitt hjärta och i tankarnas dunkla undangömda vrå.

Sex månader senare kom Carl-Johan hem utblottad, efter att ha varit internerad i England. På vägen från Göteborg hittade han en tidning i tåg kupén, där fanns en annons att SJ i Boden söker en smed. Han gjorde ett stopp i Boden och han fick arbetet , familjen flyttade till Boden här finner de äntligen ro och får det bra . På vägen till Boden dök det upp en sång i Ida-Marias minne.

El Senyor es la meva forca el Senyor el meu cant.
I min Gud har jag funnit styrka i min herre har jag allt .
Han har öppnat för mig en väg och bytt min ängsland i jubelsång

Emil   KarlJohan Ragnar Hugo Ida Signe
1913

Karta från 1910 ur Paulins samlingar i riksarkivet.
Familjens resa med en kust ångare från Rio de Janeiro till Porto Alegre gul
linje
Grön linje med tåg .
Blå linje med Carrocas oxkärror från S. Angeio till Nukleo Uraguay
=(Porto Alegre).

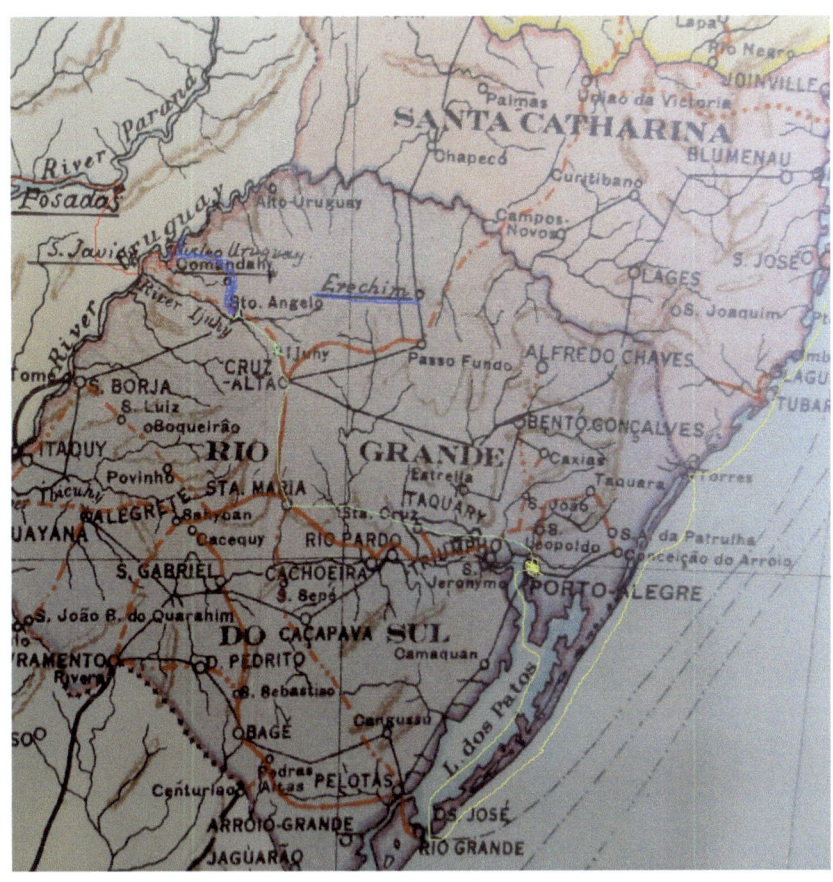

Den röda lysande punkten skall vara fam. Henrikssons kolonilott.
Övriga röda fyrkantiga punkter är Svenska kolonister kartlagda och
utmärkta av Axel Paulin .Vägen med Oxkärror till Nukleo Uruguay är röd
streckad på kartan.

Familjens färdväg markerad med gul linje